完全対策！漢字検定
模擬試験問題集

常用漢字表の主な改定点

平成22年11月に新しい常用漢字表が内閣告示されました。196字が新たに常用漢字に追加され、５字が削除されました。

日本漢字能力検定協会は、検定試験の審査基準を見直し、平成24年度第１回（6月）から新しい審査基準に基づいて検定試験を実施することになりました。

本書では、新しい審査基準に対応できるよう追加・削除・変更を明示しました。

日本漢字能力検定協会ホームページ
http://www.kanken.or.jp/
・メールフォームでのお問い合わせ
http://www.kanken.or.jp/otoiawase/
・電話でのお問い合わせ
0120－509－315（無料）
月～金　9：00～17：00（祝日・年末年始を除く）
※検定日とその前日にあたる土、日は窓口を開設
※検定日・申込締切日は９：00～18：00

駿河台出版社

常用漢字表の主な改定点

下記は漢字検定2級以下で受験に必要な要点だけをまとめたものです。数字は漢字の配当級で、カタカナは音読み、ひらがなは訓読みを表します。

字種の削除

〈2・準2〉勺《シャク》　錘《スイ・つむ》　銑《セン》　脹《チョウ》　匁《もんめ》

音訓の変更

〈3〉脹《チョウ》

〈7〉側《がわ・かわ》

音訓の追加

〈2・準2〉臭《にお》う　逝《い》く　拙《つたな》い　癒《い》える　癒《い》やす

〈3〉滑《コツ》　伸《の》べる　粋《いき》

〈4〉鑑《かんが》みる　旬《シュン》　振《ふ》れる　描《か》く　絡《から》める

〈5〉私《わたし》　創《つく》る

〈6〉応《こた》える　混《こ》む　務《つと》まる

〈7〉関《かか》わる　要《かなめ》　類《たぐ》い

〈8〉委《ゆだ》ねる　育《はぐく》む　館《やかた》　全《すべ》て　速《はや》まる
　他《ほか》　放《ほう》る

〈10〉〜中《ジュウ》（一年中《イチネンジュウ》）

音訓の削除

〈2・準2〉畝《せ》　浦《ホ》

〈4〉疲《つか》らす

熟字訓・当て字の変更

居士《こじ》　五月《さつき》　母《かあ》さん　父《とう》さん　海女《あま》・海士《あま》

熟字訓・当て字の追加

鍛冶《かじ》　固唾《かたず》　尻尾《しっぽ》　老舗《しにせ》　真面目《まじめ》　弥生《やよい》

完全対策!

漢字検定

模擬試験問題集

3級

大阪市立大学名誉教授
大内田 三郎 著

駿河台出版社

まえがき

本書は、日本漢字能力検定協会が実施している漢字検定試験の合格を目指す受験者のために、その準備と対策ができるように編集した模擬試験問題集です。

平成四年に当時の文部省（現 文部科学省）から検定試験が認可されて以来、志願者数が年々増加し、平成二〇年には二八〇万人を超えたといいます。その志願者数急増の背景には、国民の漢字に対する興味や関心が高まり、自分の漢字能力を客観的な評価基準で試したいと考えているからでしょう。漢字検定の社会的な評価が高まるにつれて、学校や企業などの団体受験も増えています。学校では、合格者は大学受験や高校受験で優遇される制度が広がりつつあり、企業では、社員が合格すると有資格者として優遇されるなどの利点があります。

本書は、これから受験しようとしている受験者のための問題集ですので、受験前にまず本書を参考に自分の実力をチェックし、自分の弱点がどこにあるかを確認し、それを克服するように心掛けてください。

多くの受験者が本書を利用して、受験する級に合格されんことを心から願っています。

最後になりましたが、本書の刊行にあたり、社長の井田洋二氏と編集部の猪腰くるみ氏に多大の協力をいただきました。心から謝意を表します。

九月一日

著者

目次

（三）模擬試験

別冊

（一）試験実施要項

1 受験資格

制限はありません。検定時間が異なれば4つの級まで受験できます。受験には個人受験と団体受験があります。

2 実施級

1級　準1級　2級　準2級　3級　4級
5級　6級　7級　8級　9級　10級

3 検定実施日

検定実施日は、原則として毎年
第1回　6月中の日曜日
第2回　10月中の日曜日
第3回　翌年1月か2月の日曜日

4 検定会場

全国主要都市約180か所（願書に記載されている）

5 検定時間

3級は60分

6 検定料

検定料は変更されることがあるので、日本漢字能力検定協会のホームページ（http://www.kanken.or.jp/）で最新情報を確認してください。

7 合格基準と合否の通知

合格の目安は正解率70％程度です。200点満点ですから、140点以上取れば合格の可能性があります。

検定の約40日後を目安に、合格者には合格証書、合格証明書と検定結果通知が、不合格者には検定結果通知が郵送されます。

8 申込方法

1 取扱書店（大学生協を含む）

取扱書店で願書を入手し、書店で検定料を支払う。必要事項を記入した願書と書店払込証書を日本漢字能力検定協会に送付すると、受験票が届く。

2 郵 送

日本漢字能力検定協会に願書を請求して必要事項を記入後、検定料を添えて協会に現金書留で送ると、受験票が届く。

3 インターネット

http://www.kanken.or.jp/

日本漢字能力検定協会ホームページにアクセスし、必要事項を入力。検定料を支払うと、受験票が届く。

4 携帯電話

http://www.kentei.co.jp/

web検定onラインにアクセスし、必要事項を入力。払込用紙が送付されてくるので、検定料を支払うと、受験票が届く。

ほかにも、セブン‐イレブン、ローソンからも申し込み可能。

9 問い合わせ先

財団法人 日本漢字能力検定協会

〈京都本部〉〒600‐8585

京都市下京区烏丸通松原下る五条烏丸町398

TEL：075‐352‐8300

FAX：075‐352‐8310

〈東京事務所〉〒100‐0004

東京都千代田区大手町2‐1‐1

大手町野村ビル

TEL：03‐5205‐0333

FAX：03‐5205‐0331

電子メール info01@kanken.or.jp

(二) 出題傾向と学習ポイント

(一) 漢字の読み

３級の出題対象となる漢字は、３級配当漢字286字が中心で、小学校で習う教育漢字1006字のうち中学校で習う読み205字が含まれます。これらの漢字に対する知識を深め、文章の中で果たしている役割を正しく理解する必要があります。

この分野は、短文中の漢字の音読みと訓読みを答える問題です。出題は３級配当漢字286字が中心ですが、特殊な読み、熟字訓、当て字も出題されますので注意が必要です。

特殊な読みとは、「雨雲」（あまぐも）、「兄弟」（きょうだい）、「留守」（るす）、「酒屋」（さかや）のような「常用漢字表」で示された特別のもの、または用法のごく狭い音訓です。

熟字訓、当て字とは「常用漢字表」にある「付表」です。熟字訓や当て字など、主として一字一字の音訓として挙げにくいものを語の形で示したものです。例えば、「明日」（あす）、「景色」（けしき）、「時計」（とけい）、「部屋」（へや）などです。

最近の出題傾向として、二字熟語の音読みが約20問、一字の訓読みが約10問出題されます。

(二) 同音・同訓異字

この分野は、３組の短文中にある同じ読みで異なる漢字を選択肢の中から選んで答える問題です。問題漢字は３級配当漢字286字が中心です。出題傾向として同音異字が主に出題されますが、一部同訓異字も含まれますので注意が必要です。また、(一)のように特別な読みや熟字訓、当て字などもいくつか出題されることがあります。

(三) 漢字の識別

この分野は、３つの空欄に共通する漢字を選択肢の中から選んで熟語を完成させる問題です。選択する漢字は必ずしも同じ読みとは限らず、訓読みの場合もありますので注意が必要です。

（例）鬼才（きさい）　鬼神（きしん）　赤鬼（あかおに）

㈣熟語の構成

この分野は、二字熟語を構成する二字の漢字が、次に示す「ア〜オ」の5つの分類のうち、どの関係で結び付いてるのかを問う問題です。

（ア）同じような意味の漢字を重ねたもの

（例：道路）

（イ）反対または対応の意味を表す字を重ねたもの

（例：前後）

（ウ）上の字が下の字を修飾しているもの

（例：紅葉）

（エ）下の字が上の字の目的語・補語になっているもの

（例：育児）

（オ）上の字が下の字の意味を打ち消しているもの

（例：無害）

㈤部　首

この分野は、問題となる漢字は主に3級配当漢字286字から出題されますが、その漢字の部首を選択肢の中から選ぶ問題です。出題傾向として、わかりやすい一般的な漢字よりは部首の判別が難しい漢字がよく選ばれます。また、漢字自体が部首の漢字も出題されますので注意しましょう。例えば、「玄」「鼓」「香」「斗」などがそうです。

㈥対義語・類義語

この分野は、対義語・類義語が出題され、その問題の熟語に対して熟語の一字が空欄になっていて、そこにあてはまる適当な語（ひらがな）を選択肢の中から選んで漢字に直す問題です。

対義語・類義語も熟語の知識として大切なものです。対義語にはその組み合わせに共通する字がある「主観—客観」「有名—無名」のようなものと、「原因—結果」「理想—現実」のように共通する字がなく正反対ではないが対の関係にあるものがあります。したがって、対義語は二字熟語の組み合わせに注意して覚えると効果的です。

類義語は対義語と異なり、意味が似ていても用い方が違うなどの幅広い熟語が含まれます。そのため一つの熟語に対して「判断」「決断」「決定」「断定」「判定」「予断」のように類義語が多数あるものもあります。したがって、類義語を覚えることは語い力を確実に高める効果があります。

(七) 送りがな

この分野は、短文中のカタカナの部分を漢字一字と送りがなに直して書く問題です。３級配当漢字２８６字を書かせる問題が中心です。

送りがなとは、漢字の誤読、難読のおそれがないように、漢字の次に添えるかなのことです。送りがなの付け方は「送り仮名の付け方」によりますので、基本的な原則を覚えておきましょう。

送りがなの主な原則

本則を基本として押さえる必要がありますが、例外は本則によらないものですので、特に注意しましょう。

(１) 活用がある語は、活用語尾を送る。
書く　催す　生きる　考える　賢い　荒い
[例外]
語幹が「し」で終わる形容詞は「し」から送る。
恋しい　珍しい　著しい
活用語尾の前に「か」「やか」「らか」を含む形容動詞は、その音節から送る。
静かだ　穏やかだ　明らかだ
(２) 副詞・連体詞・接続詞は最後の音節を送る。
必ず　更に　既に　再び　全く　最も
[例外]
大いに　直ちに　並びに　若しくは

(八) 四字熟語

この分野は、四字熟語のうち、カタカナになっている部分を漢字二字に直し、四字熟語を完成させる問題です。

四字熟語に出題されるのは主に故事成語および一般用語です。故事成語は「一触即発」「危機一髪」「喜怒哀楽」などのように中国の古典に由来するものが多い。そのほかに、「技術革新」「景気対策」「学習意欲」など一般用語の四字熟語も多く出題されますので、新聞、雑誌などを読み意味を調べる習慣をつけましょう。

(九) 誤字訂正

この分野は、文中で間違って使われている漢字一字を正しい漢字に書き直す問題です。誤字として用いられるのは3級以下の漢字で、訂正字として書かれるものは多くは5級以下の漢字です。誤字として用いられるのは次の二つのパターンがあります。

(1) 同じ音読みで「つくり」が同じで形がよく似ているもの。

綱・鋼(こう)　倹・険・検(けん)

(2) 同じ音読みで形が異なるもの。

張・超・徴・潮・頂・澄・跳・聴(ちょう)。

(十) 漢字の書き取り

この分野は、短文中のカタカナを漢字に直す問題です。漢字は主に3級配当漢字から出題され、音読み、訓読み、特殊な読み、当て字などがすべて正しく書けることが求められます。漢字は「止める・跳ねる」「突き出す・突き出さない」「つける・はなす」「画の長短」など正しい筆順で明確に書く必要があります。くずした漢字や乱雑な書き方は採点の対象になりませんので特に注意しましょう。

(三) 模擬試験

第1回 模擬試験

試験時間 60分

合格基準 140点

得点 /200点

(一) 次の――線の漢字の読みをひらがなで記せ。

30点 1×30

1 厳しい**修練**を積む。（　）
2 相手が大きく**譲歩**する。（　）
3 全員の士気を**高揚**する。（　）
4 会議を**円滑**に進行する。（　）
5 **為替**相場の変動が激しい。（　）
6 晩秋の山間に**哀感**が漂う。（　）
7 授業料の**免除**を申請する。（　）
8 関係省庁の協力を**要請**する。（　）
9 横領が発覚して**罷免**される。（　）
10 **緊急**物資を倉庫に貯蔵する。（　）
11 速攻で相手チームを**粉砕**する。（　）
12 国境付近では**紛争**が絶えない。（　）
13 **廉価**競争で価格破壊が起こる。（　）

(二) 次の――線の**カタカナ**にあてはまる漢字をそれぞれの**ア～オ**から**一つ**選び、**記号**を記せ。

30点 2×15

1 恩**シャ**で釈放される。（　）
2 傾**シャ**が加速される。（　）
3 **シャ**沸して殺菌する。（　）
（ア 斜　イ 射　ウ 煮　エ 赦　オ 捨）

4 明確な**ガイ**念をもつ。（　）
5 商店**ガイ**で買い物をする。（　）
6 憤**ガイ**やるかたない様子である。（　）
（ア 害　イ 街　ウ 該　エ 概　オ 慨）

7 恩師の**ソウ**儀に参列する。（　）
8 **ソウ**業一〇〇年の伝統を誇る。（　）
9 走者一**ソウ**の二塁打を打つ。（　）
（ア 葬　イ 双　ウ 創　エ 掃　オ 奏）

10 政界の**フ**敗は目に余る。（　）

14 子供のころとは隔世の感がある。（　　）
15 既習の漢字を書いてみましょう。（　　）
16 テレビを見ることは時間の浪費だ。（　　）
17 必ず成し遂げるという気概をもて。（　　）
18 あの光景は網膜に焼き付いている。（　　）
19 これは恩師を敬慕する者の集まりです。（　　）
20 この事件は子を持つ親への警鐘である。（　　）
21 怒りの炎を燃やす。（　　）
22 掛け軸を床の間に飾る。（　　）
23 満開の桜を見て歌を詠む。（　　）
24 四〇度を超える高熱が出る。（　　）
25 山を貫いてトンネルを掘る。（　　）
26 春の日はのどかで眠気を催す。（　　）
27 彼の理論は学界の定説を覆した。（　　）
28 戦争で家を失った人々を哀れむ。（　　）
29 少しの時間も惜しんで本を読む。（　　）
30 彼女の独唱は殊のほか評判がよかった。（　　）

---

11 新しい勤務地へ単身でフ任する。（　　）
12 この問題はこれで終止フを打つ。（　　）
（ア 普　イ 賦　ウ 腐　エ 符　オ 赴）

13 オしいところで敗れた。（　　）
14 政府の特命をオびる。（　　）
15 社長の地位をオわれる。（　　）
（ア 追　イ 老　ウ 惜　エ 帯　オ 生）

㊂ 1〜5の三つの□に**共通する漢字**を入れて熟語を作れ。漢字は**ア〜コ**から**一つ**選び、**記号**を記せ。

10点 2×5

1 □会・□席・祝□（　　）
2 □実・欠□・突□（　　）
3 □動・□突・□撃（　　）
4 □栄・□弱・□心（　　）
5 □愁・□国・□慮（　　）

ア 如	イ 佳	ウ 楼	エ 虚	オ 啓
カ 憂	キ 衝	ク 餓	ケ 欧	コ 宴

(四)

熟語の構成のしかたには次のようなものがある。

20点 2×10

ア　同じような意味の漢字を重ねたもの　（道路）
イ　反対または対応の意味を表す字を重ねたもの　（前後）
ウ　上の字が下の字を修飾しているもの　（紅葉）
エ　下の字が上の字の目的語・補語になっているもの　（育児）
オ　上の字が下の字の意味を打ち消しているもの　（無害）

次の熟語は、右の**ア〜オ**のどれにあたるか、**一つ**選び、**記号**で記せ。

1　再選（　）
2　削減（　）
3　慰労（　）
4　無益（　）
5　盛衰（　）
6　哀歓（　）
7　忍耐（　）
8　受験（　）
9　暫定（　）
10　休憩（　）

(六)

後の□内のひらがなを漢字に直して、**対義語・類義語**を作れ。□内のひらがなは一度だけ使い、**漢字一字**を記入せよ。

20点 2×10

対義語

1　質素―[1]華（　）
2　独創―[2]倣（　）
3　浪費―倹[3]（　）
4　勤勉―怠[4]（　）
5　隆盛―衰[5]（　）

類義語

6　担保―[6]当（　）
7　誘導―[7]内（　）
8　陳述―具[8]（　）
9　礼儀―[9]法（　）
10　派手―華[10]（　）

(五)

次の漢字の**部首**を**ア～エ**から**一つ**選び、**記号**で記せ。

10点 1×10

1 穏（ア 心　イ 禾　ウ ⺤　エ ノ）（　）
2 辱（ア 厂　イ 寸　ウ 一　エ 辰）（　）
3 墨（ア 土　イ 里　ウ 黒　エ 灬）（　）
4 滑（ア 冖　イ 冂　ウ 氵　エ 月）（　）
5 娯（ア 口　イ 女　ウ 一　エ 八）（　）
6 綱（ア 冂　イ 八　ウ 山　エ 糸）（　）
7 債（ア 王　イ 亻　ウ 貝　エ 八）（　）
8 擦（ア 扌　イ 宀　ウ 又　エ 示）（　）
9 衝（ア 彳　イ 里　ウ 二　エ 行）（　）
10 冠（ア 寸　イ 二　ウ 冖　エ 儿）（　）

まん・も・び・しん・たい・あん・ごう・さ・やく・てい

(七)

次の――線の**カタカナ**を**漢字一字と送りがな（ひらがな）**に直せ。

〈例〉誕生日に友達をヨブ。（呼ぶ）

10点 2×5

1 食事を早めに**スマス**。（　）
2 道路で遊ぶのは**アブナイ**。（　）
3 試験に**ソナエ**て勉強する。（　）
4 川の水は**タエズ**流れていく。（　）
5 指名に**オウジ**て委員が発言した。（　）

(八) 文中の**四字熟語**の――線の**カタカナ**を**漢字**に直せ。

20点 2×10

1 仕事は順風マンパンだ。（　　）
2 大派閥も四分ゴレツした。（　　）
3 エイコ盛衰は世の常である。（　　）
4 公明セイダイな裁決を期待する。（　　）
5 年功ジョレツの経営を改める。（　　）
6 青息トイキで頂上へたどりつく。（　　）
7 コシ眈眈と社長の椅子をねらう。（　　）
8 賛否の態度を旗幟センメイにする。（　　）
9 彼はこの仕事に全身ゼンレイを傾けた。（　　）
10 開店以来、店は千客バンライの繁盛ぶりだ。（　　）

(十) 次の――線の**カタカナ**を**漢字**に直せ。

40点 2×20

1 会員のケッソクを強める。（　　）
2 シキュウご返事ください。（　　）
3 作文を読んでヒヒョウする。（　　）
4 冷暖房がカンビしている。（　　）
5 広場がグンシュウでうずまる。（　　）
6 人目を避けてミツダンする。（　　）
7 子供に深いアイジョウをそそぐ。（　　）
8 カセツを実験でたしかめる。（　　）
9 川のリュウイキに平野が開ける。（　　）
10 問題を二つ選んでカイトウする。（　　）

(九)

次の各文にまちがって使われている**同じ読みの漢字**が**一字**ある。**上に誤字**を、**下に正しい漢字**を記せ。

10点 2×5

1 日本の賃金は九〇年代の末以降、傾続的に下落している。（　・　）

2 大学の入学手続きミスに対して善処するよう請及している。（　・　）

3 私たちの提案に対して執行部からは非定的な回答が返ってきた。（　・　）

4 関西を中心に生活保護者を食い物にした業者の適発が相次いだ。（　・　）

5 消費税増税に向けた政府の姿勢は、引き続き賢持されているようだ。（　・　）

11 最後まで**ヨダン**をゆるさない。（　）

12 博物館の**カンラン**は五時までです。（　）

13 人の意見を**ケイシ**して失敗した。（　）

14 くじで一等に当たる**カクリツ**は低い。（　）

15 学校の**フキン**の書店で辞書を買った。（　）

16 思いを胸に**ヒ**める。（　）

17 自分の意見を**ノ**べる。（　）

18 事実に**モト**づいて調べる。（　）

19 兄とは生き方が**コト**なる。（　）

20 新しい文化の**ニナ**い手となる。（　）

第2回 模擬試験

試験時間 60分
合格基準 140点
得点 /200点

(一)

次の——線の**漢字の読み**を**ひらがな**で記せ。

30点 1×30

1 緊張の**緩和**を図る。（　　）
2 貴重な資料を**閲覧**する。（　　）
3 **清廉**な人物を尊敬する。（　　）
4 南海の**孤島**に流れ着く。（　　）
5 今年も水害が**憂慮**される。（　　）
6 西洋音楽の**神髄**に触れる。（　　）
7 **仮病**を使って部活を休む。（　　）
8 赤字**削減**は緊急の課題だ。（　　）
9 地下資源が**埋蔵**されている。（　　）
10 セーヌ**河畔**の並木道を歩く。（　　）
11 雨漏りする屋根を**修繕**する。（　　）
12 武士の子弟を**藩学**で教育した。（　　）
13 人権の**擁護**のために立ち上がる。（　　）

(二)

次の——線の**カタカナ**にあてはまる漢字をそれぞれの**ア〜オ**から**一つ**選び、**記号**を記せ。

30点 2×15

1 **ケイ**舎を清掃する。（　　）
2 筆記具を必**ケイ**せよ。（　　）
3 山小屋で休**ケイ**する。（　　）
（ア 携　イ 憩　ウ 継　エ 傾　オ 鶏）

4 今は**ホウ**食の時代だ。（　　）
5 **ホウ**製工場を経営する。（　　）
6 異国の地で同**ホウ**を思う。（　　）
（ア 縫　イ 崩　ウ 飽　エ 倣　オ 胞）

7 全項目に**ガイ**当する。（　　）
8 国際情勢を**ガイ**観する。（　　）
9 **ガイ**嘆にたえない世の中。（　　）
（ア 慨　イ 害　ウ 概　エ 街　オ 該）

10 **カン**油で栄養を補給する。（　　）

14 一そうの**帆船**がすべるように走る。（　　）
15 人を**鋳型**にはめるような教育だ。（　　）
16 両国間の交渉が**決裂**するに至った。（　　）
17 **滞空**延べ一万時間のパイロットだ。（　　）
18 医療費が**控除**される制度がある。（　　）
19 ほんの**粗品**ですがお受け取りください。（　　）
20 この山域は多くの登山者が**遭難**している。（　　）
21 この織物は目が**粗**い。（　　）
22 **潤**いのある人生を送る。（　　）
23 タバコの火で畳を**焦**がす。（　　）
24 戦後の混乱の時代を**顧**みる。（　　）
25 公園は人々の**憩**いの場です。（　　）
26 姉の**嫁**ぎ先はしにせの旅館だ。（　　）
27 彼女はいつも**伏**し目がちに話す。（　　）
28 規制に**縛**られて身動きがとれない。（　　）
29 友達の参考書を安く**譲**ってもらう。（　　）
30 計画を実行するか否かの決断を**促**す。（　　）

11 問題の**カン**所をおさえる。（　　）
12 洪水で田畑が**カン**水した。（　　）
（ア 冠　イ 貫　ウ 肝　エ 喚　オ 勘）

13 収入の道を**タ**たれる。（　　）
14 汗水を**タ**らして働く。（　　）
15 ご飯をふっくらと**タ**く。（　　）
（ア 断　イ 他　ウ 炊　エ 多　オ 垂）

(三)

1～5の三つの□に**共通する漢字**を入れて熟語を作れ。漢字は**ア～コ**から**一つ**選び、**記号**を記せ。

10点 2×5

1 □導・□発・勧□（　　）
2 待□・境□・優□（　　）
3 □拙・□妙・技□（　　）
4 □急・□慢・□和（　　）
5 □務・国□・負□（　　）

ア 没	イ 巧	ウ 忌	エ 緩	オ 誘
カ 魔	キ 債	ク 崩	ケ 遇	コ 房

(四)

熟語の構成のしかたには次のようなものがある。

20点 2×10

ア　同じような意味の漢字を重ねたもの　(**道路**)

イ　反対または対応の意味を表す字を重ねたもの　(**前後**)

ウ　上の字が下の字を修飾しているもの　(**紅葉**)

エ　下の字が上の字の目的語・補語になっているもの　(**育児**)

オ　上の字が下の字の意味を打ち消しているもの　(**無害**)

次の熟語は、右の**ア～オ**のどれにあたるか、**一つ**選び、**記号**で記せ。

1　栄枯　(　　)
2　兼職　(　　)
3　徴収　(　　)
4　熟慮　(　　)
5　貯金　(　　)

6　不足　(　　)
7　承諾　(　　)
8　点滅　(　　)
9　静観　(　　)
10　変速　(　　)

(六)

後の□内のひらがなを漢字に直して、**対義語・類義語**を作れ。□内のひらがなは一度だけ使い、**漢字一字**を記入せよ。

20点 2×10

対義語

削除―添[1]
卑俗―[2]雅
豊富―[3]乏
諮問―答[4]
圧勝―惨[5]

類義語

折衝―[6]判
拘束―制[7]
企画―構[8]
基礎―[9]台
虚脱―[10]心

(1)(　　)　(2)(　　)　(3)(　　)　(4)(　　)　(5)(　　)
(6)(　　)　(7)(　　)　(8)(　　)　(9)(　　)　(10)(　　)

第2回

(五) 次の漢字の**部首**を**ア～エ**から**一つ**選び、**記号**で記せ。

10点
1×10

1 掌（ア ⺌　イ 手　ウ 冖　エ 口）（　）
2 墨（ア 田　イ 里　ウ 土　エ 灬）（　）
3 衰（ア 衣　イ 口　ウ 一　エ 亠）（　）
4 棄（ア 亠　イ 厶　ウ 一　エ 木）（　）
5 雇（ア 戸　イ 隹　ウ 一　エ 尸）（　）
6 憂（ア 目　イ 冖　ウ 心　エ 夂）（　）
7 衝（ア 行　イ 彳　ウ 十　エ 里）（　）
8 聴（ア 十　イ 心　ウ 罒　エ 耳）（　）
9 勘（ア 一　イ 匚　ウ 力　エ 八）（　）
10 緩（ア ⺤　イ 糸　ウ 又　エ 二）（　）

だん・けつ・やく・か・ぱい・そう・こう・ど・しん・ほう

(七) 次の――線の**カタカナ**を**漢字一字と送りがな（ひらがな）**に直せ。

10点
2×5

〈例〉誕生日に友達を<u>ヨブ</u>。（呼ぶ）

1 貯水池の水が**<u>ヘッ</u>**た。（　）
2 学芸会で主役を**<u>エンジ</u>**た。（　）
3 心から平和を**<u>ホッスル</u>**。（　）
4 父はこんど営業部に**<u>ウツル</u>**。（　）
5 ふるさとから荷物が**<u>トドイタ</u>**。（　）

(八) 文中の四字熟語の――線のカタカナを漢字に直せ。

20点 2×10

1 理路セイゼンと反論する。（　　）
2 前代ミモンの珍事に驚く。（　　）
3 百戦レンマの彼に勝った。（　　）
4 あの二人はソウシ相愛の仲だ。（　　）
5 センサイ一遇のチャンスを逃す。（　　）
6 土地の故事ライレキを調べている。（　　）
7 彼はまれに見る博覧キョウキの人だ。（　　）
8 作りたての料理をジガ自賛する。（　　）
9 タリキ本願では目的は達成できない。（　　）
10 わが道を信念に従って勇往マイシンする。（　　）

(十) 次の――線のカタカナを漢字に直せ。

40点 2×20

1 英語のコウシュウを受ける。（　　）
2 友だちにカンカされる。（　　）
3 宇宙のヒミツをさぐる。（　　）
4 月末に借金をケッサイする。（　　）
5 野鳥の声をシュウロクに行く。（　　）
6 子供を立派にヨウイクする。（　　）
7 グループでイショクの存在だ。（　　）
8 もうけをカショウにみつもる。（　　）
9 借金のヘンサイをせまられる。（　　）
10 美術展に新聞社がキョウサンする。（　　）

(九) 次の各文にまちがって使われている**同じ読みの漢字**が**一字**ある。**上に誤字**を、**下に正しい漢字**を記せ。

10点 2×5

1 民主的な社会を築くため久来の悪い習慣は改めよう。（　・　）

2 多くの社員が日夜努力を絶やさず、新商品改発に励んでいる。（　・　）

3 「百年安心年金」の経済想定は、現実と比べてあまりに楽看的だ。（　・　）

4 一九九〇年代半ばから急拡大してきた金融、資産バブルが破烈したのだ。（　・　）

5 地震発生予測の高度化には海域への観測網の転開が鍵をにぎっている。（　・　）

---

11 **ユウラン**バスで各地を見学する。（　）

12 雨のため遠足は**エンキ**になった。（　）

13 図書館では本を**ルイベツ**してある。（　）

14 閉会後も観衆の**コウフン**はつづいた。（　）

15 気分がいいときは**ヒョウジョウ**があかるい。（　）

16 雨が**ハゲ**しく降る。（　）

17 神の**トウト**い教えに従う。（　）

18 本人に**コトワ**って借りる。（　）

19 山の**イタダキ**が初雪で白くなる。（　）

20 ハープで美しい曲を**カナ**でる。（　）

第3回 模擬試験

試験時間 60分

合格基準 140点

得点 /200点

(一)

次の――線の漢字の読みをひらがなで記せ。

30点 1×30

1 他の**追随**を許さない。（　）
2 事件を**穏便**に解決する。（　）
3 **既存**の施設を利用する。（　）
4 一層**奮励**するしかない。（　）
5 大臣として**軽率**な発言だ。（　）
6 この場にて**暫時**休憩する。（　）
7 心地よい音楽に**陶酔**する。（　）
8 彼には**特殊**な才能がある。（　）
9 経験のある人は**優遇**します。（　）
10 住民の**選択**によって決める。（　）
11 この薬草は**鎮痛**の効果がある。（　）
12 北京に**常駐**の特派員を置く。（　）
13 功労者をたたえる**碑文**を読む。（　）

(二)

次の――線の**カタカナ**にあてはまる漢字をそれぞれの**ア〜オ**から**一つ**選び、**記号**を記せ。

30点 2×15

1 **セキ**別の涙を流す。（　）
2 入**セキ**手続きをする。（　）
3 徹底的に排**セキ**する。（　）
（ア 籍　イ 惜　ウ 積　エ 斥　オ 跡）

4 利**ガイ**関係が一致する。（　）
5 事件の**ガイ**略を説明する。（　）
6 彼は**ガイ**博な知識を持っている。（　）
（ア 害　イ 街　ウ 該　エ 概　オ 外）

7 痛んだ**カ**所を直す。（　）
8 責任を他人に転**カ**する。（　）
9 **カ**人は薄命だと言われる。（　）
（ア 箇　イ 佳　ウ 暇　エ 架　オ 嫁）

10 敵に捕らえられて**ユウ**閉される。（　）

14 非常の際は係員が**誘導**します。（　　）
15 **慈善**のためにイベントを開く。（　　）
16 ことの**発端**はあの日にさかのぼる。（　　）
17 伝染病によって**潜伏**期間は異なる。（　　）
18 午前**零時**をもって番組を終了します。（　　）
19 **滝口**から大量の水が一気に落ちてくる。（　　）
20 彼は**潔癖**だから不正を働くことはない。（　　）
21 対策を委員会に**諮**る。（　　）
22 樹木の陰に身を**潜**める。（　　）
23 電気炊飯器でご飯を**炊**く。（　　）
24 国家試験を三日後に**控**える。（　　）
25 財産争いなど**愚**かなことだ。（　　）
26 夕立でかわいていた庭が**潤**う。（　　）
27 師の言葉を心の**糧**として生きる。（　　）
28 会場では、**既**に演奏が始まっている。（　　）
29 あとを**顧**みることもなく立ち去る。（　　）
30 旅行をすればすこしは気が**紛**れる。（　　）

11 町に工場を**ユウ**致する計画がある。（　　）
12 健康を**ユウ**慮して第一線を退く。（　　）
（ア憂　イ優　ウ誘　エ幽　オ雄）

13 もっと人手が**イ**る。（　　）
14 空を飛ぶ鳥を**イ**る。（　　）
15 数の知れないほど**イ**る。（　　）
（ア居　イ移　ウ射　エ要　オ入）

三

1～5の三つの□に**共通する漢字**を入れて熟語を作れ。漢字は**ア～コ**から**一つ**選び、**記号**を記せ。

10点（2×5）

1 □無・□空・□栄（　　）
2 □減・□除・□添（　　）
3 終□・□承・□解（　　）
4 □託・□望・委□（　　）
5 縮□・屈□・追□（　　）

ア 伸	イ 了	ウ 悔	エ 募	オ 削
カ 奉	キ 掲	ク 虚	ケ 壇	コ 嘱

四 **熟語の構成**のしかたには次のようなものがある。

20点 2×10

ア 同じような意味の漢字を重ねたもの（**道路**）
イ 反対または対応の意味を表す字を重ねたもの（**前後**）
ウ 上の字が下の字を修飾しているもの（**紅葉**）
エ 下の字が上の字の目的語・補語になっているもの（**育児**）
オ 上の字が下の字の意味を打ち消しているもの（**無害**）

次の熟語は、右の**ア～オ**のどれにあたるか、**一つ**選び、**記号**で記せ。

1 嘆願（　）
2 耐震（　）
3 愉悦（　）
4 呼吸（　）
5 未明（　）
6 固辞（　）
7 納税（　）
8 過誤（　）
9 難易（　）
10 快勝（　）

六 後の□内のひらがなを漢字に直して、**対義語・類義語**を作れ。□内のひらがなは一度だけ使い、**漢字一字**を記入せよ。

20点 2×10

対義語

鋭敏―鈍[1]（　）
栄誉―[2]辱（　）
汚濁―[3]澄（　）
短命―[4]寿（　）
採用―[5]雇（　）

類義語

巨頭―首[6]（　）
掲載―収[7]（　）
哀歓―[8]喜（　）
哀訴―[9]願（　）
解雇―[10]職（　）

五

次の漢字の部首をア〜エから一つ選び、記号で記せ。

10点 1×10

1 暫（ア 斤　イ 車　ウ 田　エ 日）（　）

2 削（ア ⺌　イ 刂　ウ 月　エ 亅）（　）

3 墜（ア 阝　イ 豕　ウ 土　エ 八）（　）

4 憩（ア 心　イ 自　ウ 十　エ 口）（　）

5 縫（ア 夂　イ 糸　ウ 辶　エ 十）（　）

6 膨（ア 彡　イ 豆　ウ 土　エ 月）（　）

7 殴（ア 殳　イ 匚　ウ 几　エ 又）（　）

8 慕（ア 艹　イ ⺗　ウ 大　エ 日）（　）

9 既（ア 日　イ 尢　ウ 旡　エ 儿）（　）

10 擁（ア 隹　イ 亠　ウ 幺　エ 扌）（　）

せい・かい・のう・ひ・めん・ち・
かん・ろく・ちょう・たん

七

次の——線のカタカナを漢字一字と送りがな（ひらがな）に直せ。

〈例〉誕生日に友達をヨブ。（呼ぶ）

10点 2×5

1 キビシイ訓練を受ける。（　）

2 横浜を経て東京にイタル。（　）

3 親はツネニ子供の幸を願う。（　）

4 彼女はとても心のヨイ人だ。（　）

5 山々がまっ白に雪をイタダイている。（　）

(八) 文中の**四字熟語**の――線の**カタカナ**を**漢字**に直せ。

20点 2×10

1 **深山ユウコク**に迷い込む。（　　）
2 **リンキ応変**の処置をとる。（　　）
3 **悪口ゾウゴン**の限りを尽くす。（　　）
4 資金の調達に**シク八苦**する。（　　）
5 ひたすら**名誉バンカイ**に努める。（　　）
6 人生に絶望し、**ジボウ自棄**におちいる。（　　）
7 敗戦の知らせに**失望ラクタン**する。（　　）
8 **一意センシン**新薬の研究に打ち込む。（　　）
9 **一日センシュウ**の思いで父の帰りを待つ。（　　）
10 問題解決の手がかりを**アンチュウ模索**する。（　　）

(十) 次の――線の**カタカナ**を**漢字**に直せ。

40点 2×20

1 営業時間を**エンチョウ**する。（　　）
2 設備に**カイゼン**を加える。（　　）
3 明日会う**ヤクソク**をする。（　　）
4 あゆ釣りが**カイキン**になる。（　　）
5 責任をとって**ジショク**する。（　　）
6 最多勝記録を**ホジ**する。（　　）
7 花を鉢から庭に**イショク**した。（　　）
8 選挙の当選者が**カクテイ**した。（　　）
9 **フンパツ**してパソコンを買う。（　　）
10 まとめて買うと**ワリヤス**になる。（　　）

(九)

次の各文にまちがって使われている**同じ読みの漢字**が**一字**ある。**上に誤字**を、**下に正しい漢字**を記せ。

10点 2×5

1 契訳違反による制裁として取引を一定期間禁止した。（　・　）

2 一九六〇年代の日本の強異的な経済成長を世界に見せつけた。（　・　）

3 誰もコストを払わないで財制再建ができるようなうまい話はない。（　・　）

4 選挙で野党が過半数の票を獲得し、参議院とのねじれ現像が生じた。（　・　）

5 定年を迎えた父は予定に縛られず趣味の排句を作って過ごしている。（　・　）

---

11 野球大会に**ホケツ**で出場する。（　）

12 手紙はできるだけ**カンケツ**に書く。（　）

13 二人の意見は**オオスジ**で一致した。（　）

14 会長は大きな**ケンゲン**を持っている。（　）

15 残された手掛かりをもとに**ルイスイ**する。（　）

16 災難が**フ**りかかる。（　）

17 部屋の中が**ム**し暑い。（　）

18 勇気を**フル**って発言する。（　）

19 かなりの**アツ**みがある辞書。（　）

20 無理をすると体に**サワ**る。（　）

第4回 模擬試験

試験時間 60分
合格基準 140点
得点 /200点

㈠ 次の――線の漢字の読みをひらがなで記せ。

30点 1×30

1 **郊外**の住宅地に住む。（　）
2 証人を法廷に**召喚**する。（　）
3 内外の文献を**渉猟**する。（　）
4 **墨跡**鮮やかな掛け軸だ。（　）
5 **思惑**が外れて損害を被る。（　）
6 普通自動車の**免許**を取る。（　）
7 それが**穏当**な方法だろう。（　）
8 事件の**輪郭**が浮かび上がる。（　）
9 さまざまな事件が**偶発**する。（　）
10 **抽選**により賞金を贈ります。（　）
11 海外旅行で大きな**収穫**を得た。（　）
12 人物・技量ともに**卓越**している。（　）
13 人々の口から**詠嘆**の声が漏れる。（　）

㈡ 次の――線の**カタカナ**にあてはまる漢字をそれぞれのア～オから**一つ**選び、記号を記せ。

30点 2×15

1 証人の**チン**述を求める。（　）
2 山火事が**チン**火する。（　）
3 家宝として**チン**重する。（　）
（ア鎮　イ沈　ウ珍　エ賃　オ陳）

4 **ケイ**法に触れる行為はするな。（　）
5 大臣が中国を表**ケイ**訪問する。（　）
6 感染症の正しい知識を**ケイ**蒙する。（　）
（ア啓　イ経　ウ敬　エ掲　オ刑）

7 話の**チョウ**尻を合わせる。（　）
8 **チョウ**人的な働きをする。（　）
9 意見を拝**チョウ**しました。（　）
（ア帳　イ徴　ウ聴　エ跳　オ超）

10 外国の技術を模**ホウ**する。（　）

14 **模倣**はうまいが、独創性に欠ける。（　　）
15 監督が選手一人一人を**激励**する。（　　）
16 それは**封建**時代の名残である。（　　）
17 支社に**赴任**してすでに三年になる。（　　）
18 戦後国民は**塗炭**の苦しみを味わった。（　　）
19 彼女の関心のあるテーマは**多岐**に及ぶ。（　　）
20 こんなところで会うなんて実に**奇遇**だ。（　　）
21 心の**隔**たりを感じる。（　　）
22 **憎**まれ役を買って出る。（　　）
23 電柱の後ろに身を**潜**める。（　　）
24 無力な自分が**恨**めしく思う。（　　）
25 絵の具でりんごの絵を**描**く。（　　）
26 正月に餅を**飽**きるほど食べた。（　　）
27 名簿から私の名前が**漏**れている。（　　）
28 辺りのようすから身の危険を**悟**る。（　　）
29 駅前には寄付を**募**る人たちがいた。（　　）
30 むずかしいピアノ曲を**巧**みに弾きこなす。（　　）

11 洋画より**ホウ**画が好きだ。（　　）
12 母は裁**ホウ**を教えている。（　　）
（ア 邦　イ 奉　ウ 倣　エ 訪　オ 縫）

13 穴が生ごみで**ウ**まる。（　　）
14 敵の大将を**ウ**ちとる。（　　）
15 海に体を**ウ**かべる。（　　）
（ア 討　イ 売　ウ 打　エ 埋　オ 浮）

(三)

1～5の三つの□に**共通する漢字**を入れて熟語を作れ。漢字は**ア～コ**から**一つ**選び、**記号**を記せ。

10点 2×5

1 □求・□願・要□（　　）
2 □敗・□別・哀□（　　）
3 戸□・書□・在□（　　）
4 □読・□覧・校□（　　）
5 □問・□慮・回□（　　）

ア 請	イ 閲	ウ 概	エ 偶	オ 勘
カ 顧	キ 惜	ク 怪	ケ 籍	コ 碑

(四) **熟語の構成**のしかたには次のようなものがある。

20点 2×10

ア 同じような意味の漢字を重ねたもの （**道路**）
イ 反対または対応の意味を表す字を重ねたもの （**前後**）
ウ 上の字が下の字を修飾しているもの （**紅葉**）
エ 下の字が上の字の目的語・補語になっているもの （**育児**）
オ 上の字が下の字の意味を打ち消しているもの （**無害**）

次の熟語は、右の**ア〜オ**のどれにあたるか、**一つ**選び、**記号**で記せ。

1 伝言（　）
2 取捨（　）
3 正解（　）
4 居住（　）
5 拍手（　）
6 未払（　）
7 往復（　）
8 厚意（　）
9 尊敬（　）
10 収支（　）

(六) 後の□内のひらがなを漢字に直して、**対義語・類義語**を作れ。□内のひらがなは一度だけ使い、**漢字一字**を記入せよ。

20点 2×10

対義語

粗雑—［1］巧（　）
繁栄—衰［2］（　）
拘束—解［3］（　）
興奮—［4］静（　）
受理—［5］却（　）

類義語

勘定—計［6］（　）
果敢—［7］猛（　）
重要—肝［8］（　）
借金—［9］債（　）
克明—丹［10］（　）

(五) 次の漢字の**部首**を**ア〜エ**から**一つ**選び、記号で記せ。

10点 1×10

1 覆（ア 覀 イ 彳 ウ 夂 エ 日）（　）

2 募（ア 日 イ 大 ウ 艹 エ 力）（　）

3 賢（ア 臣 イ 貝 ウ 匸 エ 又）（　）

4 彫（ア 冂 イ 口 ウ 彡 エ 土）（　）

5 鶏（ア 爫 イ 大 ウ 二 エ 鳥）（　）

6 隔（ア 口 イ 阝 ウ 一 エ 冂）（　）

7 華（ア 十 イ 二 ウ 艹 エ 一）（　）

8 繕（ア 糸 イ 口 ウ 羊 エ 八）（　）

9 塊（ア 田 イ 儿 ウ 鬼 エ 土）（　）

10 裸（ア 木 イ 田 ウ 衤 エ 亅）（　）

せい・き・ふ・び・ちん・ゆう・ねん・ほう・さん・じん

(七) 次の——線の**カタカナ**を**漢字一字と送りがな（ひらがな）**に直せ。

10点 2×5

〈例〉誕生日に友達をヨブ。（呼ぶ）

1 寝不足を昼寝で**オギナウ**。（　）

2 秋が終わり冬が**オトズレル**。（　）

3 父は洋装店を**イトナン**でいる。（　）

4 友人の本当の気持ちを**サグル**。（　）

5 ごみを川に**ステ**てはいけません。（　）

第4回

(八) 文中の**四字熟語**の——線の**カタカナ**を**漢字**に直せ。

20点 2×10

1 **ケンボウ**術数をめぐらす。（　　）
2 情状**シャクリョウ**の余地がない。（　　）
3 遠慮**エシャク**もなく批判する。（　　）
4 予選で負けて意気**ショウチン**する。（　　）
5 **アンノン**無事の生活を祈願する。（　　）
6 ひたすら**ジリキ**更生の道を歩む。（　　）
7 娘の花嫁衣装に**カンガイ**無量の両親。（　　）
8 体勢を立て直し、失地**バンカイ**に努める。（　　）
9 時機**トウライ**に思わず身が引き締まる。（　　）
10 目を見張るような縦横**ムジン**の活躍ぶり。（　　）

(十) 次の——線の**カタカナ**を**漢字**に直せ。

40点 2×20

1 **カゲキ**な運動を避ける。（　　）
2 人の**オウライ**がはげしい。（　　）
3 試合を**ユウセイ**に進める。（　　）
4 暑さで食欲が**ゲンタイ**する。（　　）
5 **カンイ**な方法を見つける。（　　）
6 費用の一部を**ホジョ**する。（　　）
7 めざましい**シンキョウ**をしめす。（　　）
8 犯行の**カクショウ**がつかめない。（　　）
9 彼は**メイロウ**で活発な少年だ。（　　）
10 教育問題の**ロンギ**がさかんだ。（　　）

(九) 次の各文にまちがって使われている**同じ読みの漢字**が**一字**ある。**上に誤字**を、**下に正しい漢字**を記せ。

10点 2×5

1 政府の施作が遅れ、問題はますます深刻化する一方だ。（　・　）

2 人類の未来は食糧とエネルギーの供求いかんにかかっている。（　・　）

3 初めて市民会館大ホールの舞台に立った時の感劇は忘れられない。（　・　）

4 地球以外に生命体が存在するという有力な証故はまだ発見されていない。（　・　）

5 スーパーと地元の小売店の共存が可能か倹討する価値が十分にある。（　・　）

11 交通事故の**ボウシ**に協力する。（　）

12 多民族の**イシツ**な文化にふれる。（　）

13 挑戦者は**フントウ**したが敗れ去った。（　）

14 **ゲンセン**の結果、入賞者が決まった。（　）

15 登山隊は**ソウビ**を整えて出発した。（　）

16 賛成か**イナ**かを問う。（　）

17 服の**シ**み抜きをする。（　）

18 成功を**アヤ**ぶむ声がある。（　）

19 西の空が**クレナイ**に染まる。（　）

20 次の停留所でバスを**オ**りる。（　）

第5回 模擬試験

試験時間 60分

合格基準 140点

得点 ／200点

(一)

次の――線の漢字の読みをひらがなで記せ。

30点 1×30

1 共同**募金**に協力する。（　　）
2 **緊迫**した雰囲気が漂う。（　　）
3 業績の**概況**を報告する。（　　）
4 台風で作物が**全滅**する。（　　）
5 日米貿易協定を**締結**する。（　　）
6 条約の内容は**秘匿**された。（　　）
7 新入生をクラブに**勧誘**する。（　　）
8 からくりの**仕掛**けを見破る。（　　）
9 住民の**声高**な反対にあった。（　　）
10 彼は日本**画壇**の重鎮である。（　　）
11 裁判所への請求が**棄却**される。（　　）
12 業務の一部を外部に**委託**する。（　　）
13 一〇年ぶりに国語辞典を**改訂**する。（　　）

(二)

次の――線の**カタカナ**にあてはまる漢字をそれぞれの**ア～オ**から**一つ**選び、**記号**を記せ。

30点 2×15

1 彼は**レイ**感が強い。（　　）
2 勉学に精**レイ**する。（　　）
3 氷点は摂氏**レイ**度である。（　　）
（ア 零　イ 隷　ウ 励　エ 麗　オ 霊）

4 若者の**キ**範となる。（　　）
5 不用品を廃**キ**処分する。（　　）
6 本領を発**キ**する時が来た。（　　）
（ア 揮　イ 貴　ウ 棄　エ 規　オ 起）

7 乱**カク**により激減した動物。（　　）
8 各地の神社仏**カク**を訪れる。（　　）
9 組織の改**カク**を検討する。（　　）
（ア 格　イ 獲　ウ 確　エ 革　オ 閣）

10 国家試験合格の**ロウ**報が届く。（　　）

14 大学教育の改革について**諮問**する。（　）
15 アメリカに**赴任**して二年になります。（　）
16 秋の大会に勝って**雪辱**を果たした。（　）
17 **鍛練**を積んで一流の武芸者になる。（　）
18 シベリアの冬はほとんど**凍土**となる。（　）
19 彼は一〇年前の事件を**克明**に調べ上げた。（　）
20 この作品には他にない新鮮な**魅力**がある。（　）
21 大いに意気が**揚**がる。（　）
22 家の名義を書き**換**える。（　）
23 その場を**繕**ってごまかす。（　）
24 志を高く**掲**げて人生を歩む。（　）
25 台風の勢力はすっかり**衰**えた。（　）
26 応援を**励**みに練習をがんばる。（　）
27 あの人とは年齢の**隔**たりがある。（　）
28 町の高齢者が施設に集まって**憩**う。（　）
29 少しの時間も**惜**しんで本を読む。（　）
30 **辛**うじて志望校に合格することができた。（　）

11 一年にわたる**ロウ**作が完成する。（　）
12 下水管から**ロウ**水しているようだ。（　）
（ア 朗　イ 労　ウ 老　エ 漏　オ 楼）

13 掲示板を門の近くに**ウツ**す。（　）
14 姉は晴れ姿を鏡に**ウツ**す。（　）
15 習字の手本を**ウツ**して練習する。（　）
（ア 写　イ 撃　ウ 映　エ 討　オ 移）

(三) 1～5の三つの□に**共通する漢字**を入れて熟語を作れ。漢字は**ア～コ**から**一つ**選び、**記号**を記せ。

10点 2×5

1 □約・□素・勤□（　）
2 □服・□明・□己（　）
3 □胆・商□・精□（　）
4 □覚・□衆・傍□（　）
5 性□・潔□・習□（　）

ア 魂	イ 怪	ウ 癖	エ 倹	オ 喚
カ 慨	キ 克	ク 滑	ケ 聴	コ 隔

第5回

(四)

熟語の構成のしかたには次のようなものがある。

20点 2×10

ア　同じような意味の漢字を重ねたもの　（**道路**）
イ　反対または対応の意味を表す字を重ねたもの　（**前後**）
ウ　上の字が下の字を修飾しているもの　（**紅葉**）
エ　下の字が上の字の目的語・補語になっているもの　（**育児**）
オ　上の字が下の字の意味を打ち消しているもの　（**無害**）

次の熟語は、右の**ア〜オ**のどれにあたるか、**一つ**選び、**記号**で記せ。

1 任免（　）
2 援助（　）
3 創業（　）
4 新興（　）
5 無休（　）

6 添削（　）
7 抱擁（　）
8 投資（　）
9 微笑（　）
10 排除（　）

(六)

後の□内のひらがなを漢字に直して、**対義語・類義語**を作れ。□内のひらがなは一度だけ使い、**漢字一字**を記入せよ。

20点 2×10

対義語

簡潔―冗［1］
虚構―事［2］
敏速―［3］慢
進展―［4］滞
軽率―慎［5］

類義語

節減―倹［6］
追憶―［7］顧
所持―携［8］
期待―嘱［9］
不意―［10］如

（　）（　）（　）（　）（　）（　）（　）（　）（　）（　）

(五) 次の漢字の**部首**を**ア〜エ**から**一つ**選び、**記号**で記せ。

1×10 10点

1 昇（ア 日 イ ノ ウ 十 エ 一）（　）
2 墾（ア 艮 イ 爫 ウ 土 エ 豸）（　）
3 啓（ア 戸 イ 口 ウ ノ エ 攵）（　）
4 擁（ア 亠 イ 幺 ウ 隹 エ 扌）（　）
5 憩（ア 自 イ 心 ウ 舌 エ 口）（　）
6 魂（ア 鬼 イ 二 ウ ム エ 儿）（　）
7 掌（ア ⺌ イ 冖 ウ 手 エ 口）（　）
8 婿（ア 疋 イ 月 ウ 一 エ 女）（　）
9 幽（ア 山 イ 幺 ウ 凵 エ 亅）（　）
10 乾（ア 十 イ 日 ウ 乙 エ ノ）（　）

やく・じつ・かい・ぼう・てい・たい・とつ・まん・かん・ちょう

(七) 次の――線の**カタカナ**を**漢字一字と送りがな（ひらがな）**に直せ。

2×5 10点

〈例〉誕生日に友達を<u>ヨブ</u>。（呼ぶ）

1 自分の過ちを**<u>ミトメル</u>**。（　）
2 山奥でひっそり**<u>クラス</u>**。（　）
3 問題が**<u>ムズカシク</u>**て解けない。（　）
4 締め切りは明日に**<u>ノバソウ</u>**。（　）
5 次の停留所で**<u>オロシ</u>**てください。（　）

(八) 文中の**四字熟語**の――線の**カタカナ**を**漢字**に直せ。

20点 2×10

1 **昼夜ケンコウ**で工事する。（　）
2 **タントウ直入**に話を進める。（　）
3 **舌先サンズン**で言いくるめる。（　）
4 悪者たちを**イチモウ打尽**にする。（　）
5 政党が**離合シュウサン**を繰り返す。（　）
6 業界の**シンチン代謝**が活発になる。（　）
7 **オンコウ篤実**な人柄で皆に慕われる。（　）
8 観客が出口を探して**右往サオウ**する。（　）
9 **日常サハン**の細かい事にまで口を出す。（　）
10 国民は**セイレン潔白**な政治家を求めている。（　）

(十) 次の――線の**カタカナ**を**漢字**に直せ。

40点 2×20

1 今朝の寒さは**カクベツ**だ。（　）
2 **オウロ**は船を利用する。（　）
3 **ムネン**の涙を流す。（　）
4 集合時間は**ゲンシュ**のこと。（　）
5 正しい**シセイ**で本を読む。（　）
6 この辞書は**ヒョウバン**がよい。（　）
7 理由は**スイサツ**にまかせます。（　）
8 討論が終わって**サイケツ**する。（　）
9 現実に**テキオウ**した行動をとる。（　）
10 勇気ある行為を**ゲキショウ**する。（　）

(九)

次の各文にまちがって使われている**同じ読みの漢字**が**一字**ある。**上に誤字**を、**下に正しい漢字**を記せ。

10点 2×5

1 制度が複雑な公的年金は、国民の観違いや誤解も多い。（　・　）

2 どのような事態にも速応することができるよう心掛けるべきだ。（　・　）

3 時代と世界情勢に合わせる防衛大鋼の改正は、政府の責務でもある。（　・　）

4 彼女はどこか調子でも悪いのか、珍しくプレーに清彩を欠いていた。（　・　）

5 この製品には、携待できるタイプと据え置きのタイプの二種類がある。（　・　）

---

11 自分の**ブショ**を最後まで守る。（　）

12 文化**イサン**は大切に守ろう。（　）

13 市長の**ヨウショク**を立派に果たす。（　）

14 グループの方針を**ドクダン**で決める。（　）

15 計画を実行するには強い**イシ**がいる。（　）

16 重要な役職に**ツ**いた。（　）

17 夕日が山を赤く**ソ**める。（　）

18 **オダ**やかな気分で過ごす。（　）

19 なんの**コトワ**りもなく店を休む。（　）

20 宣伝が**キ**いて商品が売れる。（　）

第6回 模擬試験

試験時間 60分
合格基準 140点
得点 /200点

（一） 次の――線の漢字の読みをひらがなで記せ。

30点 1×30

1 試行**錯誤**を繰り返す。（　）
2 深刻な事態に**焦慮**する。（　）
3 国会が証人を**喚問**する。（　）
4 **漏水**箇所の調査をする。（　）
5 **突貫**工事でビルを建てる。（　）
6 今の世の在り方を**慨嘆**する。（　）
7 台風の**名残**でまだ波が高い。（　）
8 水蒸気が**凝結**して露になる。（　）
9 疑いが晴れ**緊縛**を解かれる。（　）
10 業務の一部を外部に**委託**する。（　）
11 万事**遺漏**のないように努める。（　）
12 戸籍の**原簿**の写しを受け取る。（　）
13 **閲覧**するときは静かにしなさい。（　）

（二） 次の――線のカタカナにあてはまる漢字をそれぞれのア〜オから一つ選び、記号を記せ。

30点 2×15

1 物語が**カ**境に入る。（　）
2 電線を**カ**設する。（　）
3 **カ**燭の典を挙げる。（　）
（ア 華　イ 架　ウ 嫁　エ 佳　オ 暇）

4 厳しい求**ケイ**がされる。（　）
5 前**ケイ**の図表を参照する。（　）
6 記念品を**ケイ**与される。（　）
（ア 傾　イ 掲　ウ 継　エ 恵　オ 刑）

7 狩**リョウ**が解禁になる。（　）
8 食**リョウ**事情が悪化する。（　）
9 美しい丘**リョウ**地帯が続く。（　）
（ア 陵　イ 療　ウ 糧　エ 了　オ 猟）

10 美しい夜景に陶**スイ**する。（　）

14 文化講演でたいそう**啓発**された。（　　）
15 あのことが事件の**伏線**となった。（　　）
16 入場券を**紛失**してしまったようだ。（　　）
17 母は一日中**炊事**に追われています。（　　）
18 そのスキャンダルは**某紙**に暴かれた。（　　）
19 彼女の美しい歌声は、聴衆を**魅了**した。（　　）
20 本場のフランス料理とワインを**満喫**する。（　　）
21 国家建設の**礎**となる。（　　）
22 音楽を**聴**いてくつろぐ。（　　）
23 金融の引き**締**めをはかる。（　　）
24 将来の**契**りを交わした男女。（　　）
25 台風の勢力がすっかり**衰**えた。（　　）
26 特派員として現地に取材に**赴**く。（　　）
27 人柄が好かれて、人から**慕**われる。（　　）
28 失策によって思わぬ大敗を**喫**する。（　　）
29 父は酒を飲むと歌を歌う**癖**がある。（　　）
30 大きな岩に道を**阻**まれて進めなくなる。（　　）

11 栄枯盛**スイ**の物語をつづる。（　　）
12 幼児の純**スイ**な心に打たれる。（　　）
（ア 衰　イ 粋　ウ 炊　エ 遂　オ 酔）

13 音楽を**キ**いて楽しむ。（　　）
14 乾物は保存が**キ**く。（　　）
15 歯痛によく**キ**く薬を買う。（　　）
（ア 切　イ 聴　ウ 着　エ 効　オ 利）

（三）

1〜5の三つの□に**共通する漢字**を入れて熟語を作れ。漢字は**ア〜コ**から**一つ**選び、**記号**を記せ。

10点（2×5）

1 □者・□明・先□（　　）
2 □越・□過・□人（　　）
3 □価・清□・□売（　　）
4 変□・交□・□金（　　）
5 □費・放□・□人（　　）

ア 廉	イ 超	ウ 滞	エ 概	オ 浪
カ 隔	キ 賢	ク 換	ケ 佳	コ 免

(四)

熟語の構成のしかたには次のようなものがある。

20点 2×10

ア　同じような意味の漢字を重ねたもの　（**道路**）
イ　反対または対応の意味を表す字を重ねたもの　（**前後**）
ウ　上の字が下の字を修飾しているもの　（**紅葉**）
エ　下の字が上の字の目的語・補語になっているもの　（**育児**）
オ　上の字が下の字の意味を打ち消しているもの　（**無害**）

次の熟語は、右の**ア～オ**のどれにあたるか、**一つ**選び、**記号**で記せ。

1 鎮痛（　）
2 酷暑（　）
3 離合（　）
4 嘱託（　）
5 越境（　）
6 未完（　）
7 渇望（　）
8 興廃（　）
9 敢行（　）
10 協同（　）

(六)

後の□内のひらがなを漢字に直して、**対義語・類義語**を作れ。□内のひらがなは一度だけ使い、**漢字一字**を記入せよ。

20点 2×10

対義語

浪費 ― 倹 1
消滅 ― 2 生
必然 ― 偶 3
締結 ― 4 棄
名誉 ― 5 名

類義語

検討 ― 審 6
風潮 ― 傾 7
陳列 ― 展 8
鎮圧 ― 9 定
早速 ― 10 刻

1（　）
2（　）
3（　）
4（　）
5（　）
6（　）
7（　）
8（　）
9（　）
10（　）

五

次の漢字の**部首**を**ア～エ**から**一つ**選び、**記号**で記せ。

10点 1×10

1 漏（ア 尸　イ 氵　ウ 雨　エ ノ）（　　）
2 裂（ア 衣　イ 歹　ウ 刂　エ 亠）（　　）
3 衆（ア 人　イ ノ　ウ 皿　エ 血）（　　）
4 寿（ア 二　イ ノ　ウ 寸　エ 亅）（　　）
5 虐（ア 厂　イ 虍　ウ ト　エ 匚）（　　）
6 魔（ア 鬼　イ 广　ウ 麻　エ 厶）（　　）
7 緊（ア 臣　イ 糸　ウ 又　エ 匸）（　　）
8 符（ア ノ　イ イ　ウ 寸　エ ⺮）（　　）
9 響（ア 阝　イ 立　ウ 音　エ 日）（　　）
10 葬（ア 艹　イ 歹　ウ 匕　エ 廾）（　　）

へい・ぎ・そっ・はっ・は・こう・じ・やく・ぜん・お

七

次の——線の**カタカナ**を**漢字一字と送りがな（ひらがな）**に直せ。

〈例〉誕生日に友達をヨブ。（呼ぶ）

10点 2×5

1 嵐がやっと**シズマッ**た。（　　）
2 **イタマシイ**事件が起きた。（　　）
3 人数を**カギッ**て入場させる。（　　）
4 世に**ショスル**術を身につける。（　　）
5 小さい子の気持ちを**キズツケル**な。（　　）

第6回

(八) 文中の四字熟語の――線のカタカナを漢字に直せ。

20点 2×10

1 難攻フラクの山城を築く。（　）
2 彼はオンコウ篤実な人柄だ。（　）
3 大望を抱きハクガク篤志する。（　）
4 刻苦ベンレイして成功を収める。（　）
5 事件は急転チョッカ、解決した。（　）
6 仕事を中途ハンパで放り出す。（　）
7 フンレイ努力のかいあって合格する。（　）
8 意地を張り過ぎて孤立ムエンにおちいる。（　）
9 人生に絶望して自暴ジキにおちいる。（　）
10 初めて会って、すぐにイキ投合した。（　）

(十) 次の――線のカタカナを漢字に直せ。

40点 2×20

1 ボウキョウの思いがつのる。（　）
2 成功をカクシンしている。（　）
3 テキセツに手当てをする。（　）
4 一週間のアンセイが必要だ。（　）
5 自分の短所をイシキする。（　）
6 君の意見にサンセイする。（　）
7 作家のリャクレキを紹介する。（　）
8 納税は国民のギムである。（　）
9 麻薬グループをケンキョする。（　）
10 病気のためジニンを決意した。（　）

(九) 次の各文にまちがって使われている**同じ読みの漢字**が**一字**ある。**上に誤字**を、**下に正しい漢字**を記せ。

10点 2×5

1 定年を目前にし往年を回顧して過去の経暦を記録する。（　・　）

2 強い政治意志によって財政再建が実現すれば、国債の発行も減る。（　・　）

3 日本では、年功序烈の発想がいまだ、研究者に根強く残っている。（　・　）

4 最近の若者は様々な分野で体験意欲が底下していると言われている。（　・　）

5 検察は県警幹部に対して請託した事実があったと見て操査を進めている。（　・　）

11 ふみきりに**ヒョウシキ**を掲げる。（　）

12 新制度へスムーズに**イコウ**する。（　）

13 国語のテストは**アンガイ**よくできた。（　）

14 **リケン**をめぐるみにくい争い。（　）

15 このミシンは取扱いが**カンベン**だ。（　）

16 道に**ソ**って家が並ぶ。（　）

17 相手の意見を**ミト**める。（　）

18 消費税を**フク**めた値段だ。（　）

19 証言に**モト**づいて推理する。（　）

20 もう少し自由時間が**ホ**しい。（　）

第6回

第7回 模擬試験

試験時間 60分

合格基準 140点

得点 /200点

(一)

次の――線の**漢字の読み**を**ひらがな**で記せ。

30点 1×30

1 万全の**措置**を講じる。（　）
2 **規定**の方針を変更する。（　）
3 革命で王朝が**崩壊**する。（　）
4 **楼上**から遠くをながめる。（　）
5 **能吏**としての評判が高い。（　）
6 **豪華**な邸宅に住んでいる。（　）
7 彼女は**孤独**な晩年を送った。（　）
8 転居で住所録より**削除**する。（　）
9 定年後は**嘱託**として勤める。（　）
10 土地が**湿潤**で健康によくない。（　）
11 試作品を手に取って**凝視**する。（　）
12 そう言うと男は**虚空**をにらんだ。（　）
13 彼女は深い**落胆**の色を浮かべた。（　）

(二)

次の――線の**カタカナ**にあてはまる漢字をそれぞれの**ア〜オ**から**一つ**選び、**記**号を記せ。

30点 2×15

1 **ケイ**続して審議する。（　）
2 疲れたので休**ケイ**する。（　）
3 連**ケイ**して事に当たる。（　）
（ア 憩　イ 傾　ウ 携　エ 鶏　オ 継）

4 **キョ**偽の証言をする。（　）
5 教科書に準**キョ**して教える。（　）
6 毎日の遠**キョ**離通勤で疲れる。（　）
（ア 巨　イ 距　ウ 許　エ 虚　オ 拠）

7 新人の**カク**得に専念する。（　）
8 売上高の**カク**差が大きい。（　）
9 世間から**カク**絶した暮らし。（　）
（ア 較　イ 格　ウ 隔　エ 拡　オ 獲）

10 望**ロウ**から街並みをながめる。（　）

14 軽い罪だから**赦免**されるだろう。（　　）
15 物語の主人公は**架空**の人物です。（　　）
16 事故の関係者から事情を**聴取**する。（　　）
17 速やかに対処することが**肝要**である。（　　）
18 都市の**膨張**が環境問題を引き起こす。（　　）
19 お申し込みは**随時**受け付けております。（　　）
20 残業を手伝ってくれた人たちを**慰労**する。（　　）
21 絶景に目を**奪**われる。（　　）
22 賃金が低く**抑**えられる。（　　）
23 机の上に顔を**伏**せて泣く。（　　）
24 **怪**しい男が付近をうろつく。（　　）
25 襟ぐりがきつくて首が**絞**まる。（　　）
26 **巧**みな包丁さばきで魚をおろす。（　　）
27 間もなく暑い季節が**巡**ってくる。（　　）
28 工夫を**凝**らして新製品を開発する。（　　）
29 社長の椅子を三人の息子が**奪**い合う。（　　）
30 仕事に追われて**慌**ただしい毎日を送る。（　　）

第7回

11 国を追われて流**ロウ**の民となる。（　　）
12 書類に脱**ロウ**がないか確認する。（　　）
（ア 浪　イ 漏　ウ 廊　エ 労　オ 楼）

13 花火師が花火を**ア**げる。（　　）
14 子供たちがたこを**ア**げている。（　　）
15 相手側は具体的な証拠を**ア**げた。（　　）
（ア 上　イ 空　ウ 挙　エ 飽　オ 揚）

（三） 1～5の三つの□に**共通する漢字**を入れて熟語を作れ。漢字は**ア～コ**から**一つ**選び、**記号**を記せ。

10点 2×5

1 □亡・消□・絶□（　　）
2 □安・□問・□留（　　）
3 □楽・喜□・満□（　　）
4 □情・恋□・敬□（　　）
5 決□・破□・分□（　　）

ア 慕	イ 敢	ウ 喫	エ 慰	オ 裂
カ 漂	キ 棄	ク 悦	ケ 摂	コ 滅

(四)

熟語の構成のしかたには次のようなものがある。

20点 2×10

ア　同じような意味の漢字を重ねたもの　（**道路**）
イ　反対または対応の意味を表す字を重ねたもの　（**前後**）
ウ　上の字が下の字を修飾しているもの　（**紅葉**）
エ　下の字が上の字の目的語・補語になっているもの　（**育児**）
オ　上の字が下の字の意味を打ち消しているもの　（**無害**）

次の熟語は、右の**ア～オ**のどれにあたるか、**一つ**選び、**記号**で記せ。

1 勤勉（　）
2 伸縮（　）
3 施工（　）
4 既知（　）
5 不詳（　）

6 顧客（　）
7 善意（　）
8 孤独（　）
9 真偽（　）
10 屈伸（　）

(六)

後の□内のひらがなを漢字に直して、**対義語・類義語**を作れ。□内のひらがなは一度だけ使い、**漢字一字**を記入せよ。

20点 2×10

対義語

愛護―虐[1]
惜敗―辛[2]
悲哀―[3]悦
新鮮―[4]腐
擁護―侵[5]

類義語

役人―[6]吏
免職―[7]任
魂胆―意[8]
未熟―[9]稚
不穏―物[10]

1（　）　2（　）　3（　）　4（　）　5（　）
6（　）　7（　）　8（　）　9（　）　10（　）

五 次の漢字の**部首**を**ア〜エ**から**一つ**選び、**記号**で記せ。

/10点 1×10

1 顧 （ア 頁　イ 戸　ウ 戸　エ 隹）（　）
2 凝 （ア 矢　イ 疋　ウ 冫　エ 匕）（　）
3 菊 （ア 米　イ 艹　ウ 勹　エ 十）（　）
4 塗 （ア 氵　イ 人　ウ 示　エ 土）（　）
5 閲 （ア 兌　イ 口　ウ 門　エ 儿）（　）
6 募 （ア 艹　イ 力　ウ 日　エ 大）（　）
7 霊 （ア 一　イ 二　ウ 丶　エ ⻗）（　）
8 虚 （ア 虍　イ 亠　ウ 八　エ 一）（　）
9 辞 （ア ノ　イ 舌　ウ 辛　エ 立）（　）
10 軸 （ア 田　イ 十　ウ 亅　エ 車）（　）

き・かん・たい・がい・よう・しょう・かい・と・ちん・そう

七 次の――線の**カタカナ**を**漢字一字と送りがな（ひらがな）**に直せ。

〈例〉誕生日に友達をヨブ。（呼ぶ）

/10点 2×5

1 会議を三〇分**ノバス**。（　）
2 寒くて首を**チヂメテ**歩く。（　）
3 学芸会は大成功を**オサメタ**。（　）
4 馬がたづなを切って**アバレル**。（　）
5 マラソンに備え、足を**ナラス**。（　）

第7回

(八) 文中の四字熟語の――線のカタカナを漢字に直せ。

20点 2×10

1 大胆フテキな振る舞い。（　　）
2 勇猛カカンに攻め立てる。（　　）
3 うわさをハンシン半疑で聞く。（　　）
4 部下のドクダン専行に上司が激怒する。（　　）
5 これらの違いは一目リョウゼンだ。（　　）
6 無味カンソウな話にあくびが出る。（　　）
7 事の成り行きに一喜イチユウする。（　　）
8 シンキ一転、新たな再出発を目指す。（　　）
9 優柔フダンでなかなか決められない。（　　）
10 粒粒シンクの末に、やっと大学を卒業した。（　　）

(十) 次の――線のカタカナを漢字に直せ。

40点 2×20

1 近所からクジョウが出る。（　　）
2 サッカーにセンネンする。（　　）
3 先生が答えをアンジする。（　　）
4 後ろから見てもカッコウがいい。（　　）
5 野菜に農薬がザンリュウする。（　　）
6 母にムダンで釣りに行く。（　　）
7 青少年のイクエイに力を注ぐ。（　　）
8 山の天候はゲキヘンしやすい。（　　）
9 決定にイゾンはありません。（　　）
10 スキーですべるカイカンを味わう。（　　）

(九) 次の各文にまちがって使われている**同じ読みの漢字**が**一字**ある。**上に誤字**を、**下に正しい漢字**を記せ。

10点 2×5

1 本年度の収易の大幅増は期待薄と言わなければならない。（　・　）

2 「電気」が無ければ我々の合理的で快摘な生活は成り立たない。（　・　）

3 現在の厳しい顧用情勢の中では正社員になることなど至難のわざだ。（　・　）

4 法人税限税は、現下の欧州を苦しめる財政危機の原因の一つである。（　・　）

5 昨年夏以降の円急振局面では日銀に追加緩和を求める声が高まった。（　・　）

第7回

11 父のことばが**ネントウ**に浮かぶ。（　）

12 母は客の**オウセツ**に忙しい。（　）

13 秋ぐちになると**アサバン**はすずしい。（　）

14 キャンプの**モヨウ**を家に知らせる。（　）

15 しめ切りに一日遅れたが**キョヨウ**しよう。（　）

16 人口が一億を**コ**えた。（　）

17 **スミ**やかに結論を出す。（　）

18 スカートのたけを**チヂ**める。（　）

19 姉の家は**ク**らし向きがよい。（　）

20 日が沈み、**アタ**りが暗くなる。（　）

第8回 模擬試験

試験時間 60分

合格基準 140点

得点 /200点

(一) 次の――線の漢字の読みをひらがなで記せ。

30点 1×30

1 低廉な品物が豊富だ。（　　）
2 壊れた箇所を修繕する。（　　）
3 給与所得から控除する。（　　）
4 友人は快諾してくれた。（　　）
5 借金を返すよう催促する。（　　）
6 巧妙な手口にだまされる。（　　）
7 馬に乗って湖畔を疾走する。（　　）
8 硬水は工業用水に適さない。（　　）
9 小事にこだわる性癖がある。（　　）
10 あの人は経済界の重鎮である。（　　）
11 社債を発行して事業を広げる。（　　）
12 話がだんだん卑俗になってきた。（　　）
13 何の心配事もなく安穏に暮らす。（　　）

(二) 次の――線のカタカナにあてはまる漢字をそれぞれのア～オから一つ選び、記号を記せ。

30点 2×15

1 彼は行ギが悪い。（　　）
2 詐ギが明るみに出る。（　　）
3 ギ牲を押しつける。（　　）
（ア犠　イ戯　ウ欺　エ疑　オ儀）

4 辞任をカン告する。（　　）
5 かなを漢字に変カンする。（　　）
6 ストライキをカン行する。（　　）
（ア歓　イ換　ウ監　エ敢　オ勧）

7 卒業証書をジュ与する。（　　）
8 ジュ給のバランスが良い。（　　）
9 近年日本人のジュ命が伸びた。（　　）
（ア需　イ授　ウ樹　エ寿　オ受）

10 神社に舞をホウ納する。（　　）

14 赤い羽根の共同募金に協力する。（　　）
15 交渉の結果、相手方の譲歩を得た。（　　）
16 辞職を願い出た部下に翻意を促す。（　　）
17 職掌の範囲でないので許可はできない。（　　）
18 突然の出来事に動揺を隠しきれない。（　　）
19 人の弱みにつけ込むとはじつに卑劣だ。（　　）
20 膨大な資料を整理するのは大変な作業だ。（　　）
21 母国の前途を憂える。（　　）
22 霧が港町を覆っている。（　　）
23 病気が広がるのを抑える。（　　）
24 衣服が湿っていて乾かない。（　　）
25 医師の診断に表情が硬くなる。（　　）
26 オゾン層の破壊が環境を脅かす。（　　）
27 祖父は酒に酔うとすぐ寝てしまう。（　　）
28 地域のボランティア活動に携わる。（　　）
29 スターたちが華やかに舞台をかざる。（　　）
30 過去の栄光の日々が幻のように浮かぶ。（　　）

11 ホウ香に包まれてバラ園を歩く。（　　）
12 ブラジルで在留ホウ人の話を聞く。（　　）
（ア 宝　イ 邦　ウ 包　エ 奉　オ 芳）

13 利害をコえて協力する。（　　）
14 身をコがす恋におちる。（　　）
15 彼は推理小説にコっている。（　　）
（ア 凝　イ 込　ウ 焦　エ 固　オ 超）

(三)

1〜5の三つの□に**共通する漢字**を入れて熟語を作れ。漢字は**ア〜コ**から**一つ**選び、**記号**を記せ。

□/10点 (2×5)

1 放□・廃□・破□（　　）
2 □促・開□・主□（　　）
3 □除・□疫・罷□（　　）
4 発□・抑□・高□（　　）
5 □和・□慢・□急（　　）

ア 棄	イ 滑	ウ 揚	エ 軌	オ 免
カ 赦	キ 貫	ク 緩	ケ 匠	コ 催

第8回

(四)

熟語の構成のしかたには次のようなものがある。

20点 2×10

ア　同じような意味の漢字を重ねたもの　（**道路**）
イ　反対または対応の意味を表す字を重ねたもの　（**前後**）
ウ　上の字が下の字を修飾しているもの　（**紅葉**）
エ　下の字が上の字の目的語・補語になっているもの　（**育児**）
オ　上の字が下の字の意味を打ち消しているもの　（**無害**）

次の熟語は、右の**ア～オ**のどれにあたるか、**一つ**選び、**記号**で記せ。

1　緩急（　　）
2　催眠（　　）
3　凝視（　　）
4　模倣（　　）
5　無欲（　　）
6　昇降（　　）
7　迫真（　　）
8　概論（　　）
9　清潔（　　）
10　漢籍（　　）

(六)

後の□内のひらがなを漢字に直して、**対義語・類義語**を作れ。□内のひらがなは一度だけ使い、**漢字一字**を記入せよ。

20点 2×10

対義語

遵守－違［1］
修繕－破［2］
束縛－［3］由
追随－率［4］
協調－［5］立

類義語

傍観－黙［6］
胆力－［7］胸
辛抱－［8］慢
陳情－［9］願
摂取－吸［10］

1（　　）　2（　　）　3（　　）　4（　　）　5（　　）
6（　　）　7（　　）　8（　　）　9（　　）　10（　　）

(五)

次の漢字の**部首**を**ア〜エ**から**一つ**選び、**記号**で記せ。

1×10 10点

1 遵（ア 酉 イ 辶 ウ 寸 エ 八）（　）

2 譲（ア 亠 イ 八 ウ 言 エ 衣）（　）

3 癖（ア 疒 イ 尸 ウ 口 エ 辛）（　）

4 慕（ア 艹 イ 日 ウ 大 エ 㣺）（　）

5 廉（ア 八 イ 广 ウ 亠 エ 亅）（　）

6 削（ア 刂 イ ⺌ ウ 月 エ 亅）（　）

7 翻（ア 釆 イ 米 ウ 田 エ 羽）（　）

8 凝（ア 匕 イ 疋 ウ 冫 エ 矢）（　）

9 隷（ア 隶 イ 士 ウ 示 エ 亅）（　）

10 載（ア 土 イ 戈 ウ 弋 エ 車）（　）

たい・じ・そん・ど・せい・はん・せん・し・が・しゅう

(七)

次の――線の**カタカナ**を**漢字一字と送りがな（ひらがな）**に直せ。

〈例〉誕生日に友達をヨブ。（呼ぶ）

2×5 10点

1 苦しい生活を**ササエル**。（　）

2 舞台でせりふを**ワスレル**。（　）

3 自然の流れに身を**マカセル**。（　）

4 外国の小説を日本語に**ヤクス**。（　）

5 目の前で電車のドアが**シマッ**た。（　）

第8回

(八) 文中の**四字熟語**の——線の**カタカナ**を**漢字**に直せ。

20点 2×10

1 **テンイ**無縫に振る舞う。（　　）
2 軽挙**モウドウ**は厳に慎もう。（　　）
3 落選の報に**イキ**消沈する。（　　）
4 有名な古典を熟読**ガンミ**する。（　　）
5 会社のために**フンコツ**砕身する。（　　）
6 両国は今や一触**ソクハツ**の関係だ。（　　）
7 品質はどこのスーパーも**ダイドウ**小異だ。（　　）
8 無事発見の知らせに狂喜**ランブ**する。（　　）
9 その若者は大器**バンセイ**の風格がある。（　　）
10 今までの心配がいっぺんに雲散**ムショウ**した。（　　）

(十) 次の——線の**カタカナ**を**漢字**に直せ。

40点 2×20

1 約束の**コクゲン**が過ぎる。（　　）
2 朝夕は駅が**コンザツ**する。（　　）
3 相手チームに**アッショウ**する。（　　）
4 クラス全員で**ガッソウ**する。（　　）
5 輸入の制限を**カイジョ**する。（　　）
6 町の文化財を**ホゾン**する。（　　）
7 大役を**カンタン**に引き受ける。（　　）
8 **シボウ**の高校に入学できた。（　　）
9 二人は兄弟のように**シンミツ**だ。（　　）
10 学校へは**オウフク**一時間かかる。（　　）

(九) 次の各文にまちがって使われている**同じ読みの漢字**が**一字**ある。**上に誤字**を、**下に正しい漢字**を記せ。

10点 2×5

1 日本の大企業ほど社会から恩啓を受けている企業はない。（　・　）

2 生活環境の改全は、工業地帯に暮らす市民の切実な願いである。（　・　）

3 学問は興味から、もしくは好寄心から入ったものが最も根強い。（　・　）

4 新しい法律を作って悪徳商法の被害者を求済しなければならない。（　・　）

5 近年観光産業の育生が地域経済の活性化を図る重要な手段となった。（　・　）

11 父は今年で社長を**ユウタイ**する。（　）

12 あせると**オウオウ**にして失敗する。（　）

13 各社が**イチリツ**に一〇〇〇円値上げする。（　）

14 入場券は期限が過ぎると**ムコウ**だ。（　）

15 この工事を完成させるのは**ヨウイ**ではない。（　）

16 空き地に車を**ト**める。（　）

17 予選で早くも**ヤブ**れた。（　）

18 希望に**モ**えて高校に入る。（　）

19 **ア**りし日の母の姿を追う。（　）

20 機知に**ト**んだ会話を楽しむ。（　）

第9回 模擬試験

試験時間 60分

合格基準 140点

得点 /200点

(一)

次の――線の漢字の読みをひらがなで記せ。

30点 1×30

1 仕事に**精魂**を込める。（　）
2 **邪魔**が入って断念する。（　）
3 外国文化を**摂取**する。（　）
4 **娘婿**を後継者に決める。（　）
5 法案の第一条は**削除**する。（　）
6 深山**幽谷**を水墨画で描く。（　）
7 今の世の在り方を**慨嘆**する。（　）
8 地震のため道路が**崩壊**する。（　）
9 人工衛星の**軌道**を修正する。（　）
10 特殊な事情も**勘案**して決める。（　）
11 **企業**を通して社会に貢献する。（　）
12 その夜**奇怪**な事件が起こった。（　）
13 砂漠に**埋蔵**されている天然資源。（　）

(二)

次の――線の**カタカナ**にあてはまる漢字をそれぞれの**ア～オ**から**一つ**選び、**記号**を記せ。

30点 2×15

1 険**ソ**な岩場を登る。（　）
2 適切な**ソ**置をとる。（　）
3 食べ物を**ソ**末にしない。（　）
（ア措　イ訴　ウ粗　エ礎　オ阻）

4 国家の再建を**キ**図する。（　）
5 県境で道が分**キ**する。（　）
6 原告が裁判官を**キ**避する。（　）
（ア岐　イ奇　ウ祈　エ忌　オ企）

7 馬が野原を**シッ**駆する。（　）
8 患部に**シッ**布を当てる。（　）
9 刑は**シッ**行猶予となる。（　）
（ア湿　イ質　ウ疾　エ執　オ失）

10 彼は同**ハイ**の受けがよい。（　）

14 街角にポスターが氾濫している。（　）
15 漢字の読みを会得するのは難しい。（　）
16 政権交代を契機に歴史が動き出す。（　）
17 犠打の成功でランナーが塁を進めた。（　）
18 あいつの前で滅多なことは言えない。（　）
19 情報が錯綜して、実情がよく分からない。（　）
20 問題点が確認できただけでも収穫だった。（　）
21 最後まで意志を貫く。（　）
22 小切手を現金に換える。（　）
23 なかなか賢そうな少年だ。（　）
24 湯につかって手足を伸ばす。（　）
25 見るも哀れな姿で帰ってきた。（　）
26 立春が過ぎて寒さが緩んできた。（　）
27 動物の中でも殊に犬が好きです。（　）
28 華やかなパレードに目を奪われる。（　）
29 いつまでも友達を恨むのはよくない。（　）
30 家族のことなど顧みずに仕事をしてきた。（　）

11 決勝戦で苦ハイをなめる。（　）
12 車のハイ気ガスが立ちこめる。（　）
（ア 杯　イ 拝　ウ 排　エ 俳　オ 輩）

13 休日を振り力える。（　）
14 挙手をもって投票に力える。（　）
15 その夫人は宝石を金に力えた。（　）
（ア 替　イ 科　ウ 可　エ 代　オ 換）

(三) 1〜5の三つの□に**共通する漢字**を入れて熟語を作れ。漢字は**ア〜コ**から**一つ**選び、**記号**を記せ。

10点 2×5

1 □跡・□道・□範（　）
2 □立・□護・抱□（　）
3 □談・□費・□長（　）
4 □行・勇□・果□（　）
5 □用・□獲・□発（　）

ア 軌	イ 濫	ウ 企	エ 廉	オ 敢
カ 擁	キ 排	ク 促	ケ 冗	コ 奉

第9回

(四)

熟語の構成のしかたには次のようなものがある。

20点 2×10

ア　同じような意味の漢字を重ねたもの　（**道路**）
イ　反対または対応の意味を表す字を重ねたもの　（**前後**）
ウ　上の字が下の字を修飾しているもの　（**紅葉**）
エ　下の字が上の字の目的語・補語になっているもの　（**育児**）
オ　上の字が下の字の意味を打ち消しているもの　（**無害**）

次の熟語は、右の**ア～オ**のどれにあたるか、**一つ**選び、**記号**で記せ。

1 接客（　）
2 伴走（　）
3 尊卑（　）
4 堅固（　）
5 喫煙（　）
6 濫用（　）
7 清濁（　）
8 未了（　）
9 授与（　）
10 移籍（　）

(六)

後の□内のひらがなを漢字に直して、**対義語・類義語**を作れ。□内のひらがなは一度だけ使い、**漢字一字**を記入せよ。

20点 2×10

対義語

特殊―一［1］（　）
遠隔―近［2］（　）
統一―［3］裂（　）
収縮―［4］脹（　）
未知―［5］知（　）

類義語

没頭―［6］念（　）
潤沢―豊［7］（　）
申請―出［8］（　）
落胆―［9］望（　）
陳謝―［10］罪（　）

五 次の漢字の部首をア～エから一つ選び、記号で記せ。

10点 1×10

1 鐘（ア 田　イ 立　ウ 里　エ 釒）（　）
2 篤（ア 灬　イ ⺮　ウ 馬　エ 二）（　）
3 帝（ア 巾　イ 亠　ウ 立　エ 冖）（　）
4 超（ア 刀　イ 口　ウ 走　エ 土）（　）
5 漂（ア 覀　イ 氵　ウ 小　エ 二）（　）
6 鶏（ア ノ　イ 爫　ウ 灬　エ 鳥）（　）
7 獄（ア 言　イ 犭　ウ 口　エ 大）（　）
8 吏（ア 一　イ ノ　ウ 口　エ 人）（　）
9 昇（ア 日　イ ノ　ウ 一　エ 廾）（　）
10 貫（ア 口　イ 一　ウ 八　エ 貝）（　）

ぼう・せつ・き・せん・しつ・ぱん・ふ・ぶん・がん・しゃ

七 次の――線の**カタカナ**を**漢字一字と送りがな（ひらがな）**に直せ。

10点 2×5

〈例〉誕生日に友達をヨブ。（呼ぶ）

1 目上の人の意見に**シタガウ**。（　）
2 危険を**トモナウ**仕事に従事する。（　）
3 一席**モウケ**て客をもてなす。（　）
4 説明は**リャクシ**て結果だけを話す。（　）
5 身に覚えのないことを**ウタガワ**れる。（　）

第9回

(八) 文中の**四字熟語**の——線の**カタカナ**を**漢字**に直せ。

20点 2×10

1 **コウロン卓説**を拝聴する。（　　）
2 人間の心は**千差バンベツ**だ。（　　）
3 行く手に**ゼント洋洋**たる未来がある。（　　）
4 **枝葉マッセツ**にはこだわらない。（　　）
5 そんな言い訳、**ショウシ千万**だ。（　　）
6 あまりの不運に**悲憤コウガイ**する。（　　）
7 業界の**シンチン代謝**が活発になる。（　　）
8 **タイガン成就**を目指して毎日努力する。（　　）
9 **意志ケンゴ**で、誘惑などには負けない。（　　）
10 **フキュウ不滅**の名作を読んですごく感動した。（　　）

(十) 次の——線の**カタカナ**を**漢字**に直せ。

40点 2×20

1 船の**シンロ**を北にとる。（　　）
2 体の**ジョウタイ**がよくない。（　　）
3 私の健康に**イジョウ**はない。（　　）
4 事故で列車が**エンチャク**した。（　　）
5 戸じまりを**ゲンジュウ**にする。（　　）
6 銀行は金塊を**ホユウ**する。（　　）
7 バランスよく**エイヨウ**をとる。（　　）
8 早起きの**シュウカン**をつけよう。（　　）
9 客のそぶりに**ギネン**をいだく。（　　）
10 古い町なみが**ゲンゾン**している。（　　）

㈨ 次の各文にまちがって使われている**同じ読みの漢字**が**一字**ある。**上に誤字**を、**下に正しい漢字**を記せ。

10点 2×5

1 オリンピック開催を紀念して数種の切手が発行された。（ ・ ）

2 特殊部隊は、関禁場所から人質を無事救出することに成功した。（ ・ ）

3 来年度以降、わが校は語学習得のための短期留学を実使します。（ ・ ）

4 何の前置きもなくいきなり本題に入ったので一堂に緊張が走った。（ ・ ）

5 従業員の待偶を改善し、安心して働ける環境づくりに努めるべきだ。（ ・ ）

11 夕方、**ヤキン**の人と交替する。（ ）

12 日本の歴史について**ロンジュツ**する。（ ）

13 この薬は熱を下げる**コウヨウ**がある。（ ）

14 オリンピックは無事に**ヘイマク**した。（ ）

15 水道管が破裂したので**オウキュウ**処置をする。（ ）

16 自分の実力を**タメ**す。（ ）

17 屋根の**イタ**みがひどい。（ ）

18 肩を**ナラ**べる者がいない。（ ）

19 会議で意見が二つに**ワ**れた。（ ）

20 荷物の**トド**け先が不明です。（ ）

第9回

第10回 模擬試験

試験時間 60分

合格基準 140点

得点 /200点

(一)

次の――線の**漢字の読み**を**ひらがな**で記せ。

30点 1×30

1 代表を**抽選**で決める。（　）
2 心に強い**衝撃**を受ける。（　）
3 責任感が**欠如**している。（　）
4 **卓抜**した業績をあげる。（　）
5 相手国に**陳謝**を要求する。（　）
6 鼻の**粘膜**に炎症を起こす。（　）
7 経営方針を大きく**転換**する。（　）
8 日本は平野より**山岳**が多い。（　）
9 危険を**覚悟**して事にあたる。（　）
10 **偶然**にも彼と意見が一致した。（　）
11 終戦直後は食糧が**欠乏**した。（　）
12 将来を**嘱望**されている新人選手。（　）
13 一年**浪人**して志望校に合格する。（　）

(二)

次の――線の**カタカナ**にあてはまる漢字をそれぞれの**ア～オ**から**一つ**選び、記号を記せ。

30点 2×15

1 余**力**を楽しむ。（　）
2 **力**美な服装を慎む。（　）
3 負傷者を担**力**で運ぶ。（　）
（ア 佳　イ 華　ウ 暇　エ 嫁　オ 架）

4 販売を委**タク**した。（　）
5 **タク**抜した理論を展開する。（　）
6 二者**タク**一をせまられる。（　）
（ア 卓　イ 託　ウ 拓　エ 択　オ 沢）

7 法律が**シ**行された。（　）
8 再建の方途を**シ**問する。（　）
9 予算を福**シ**に振り向ける。（　）
（ア 伺　イ 諮　ウ 旨　エ 祉　オ 施）

10 一**セキ**の小船が沖へこぎ出していく。（　）

14 今回の不祥事は**痛恨**にたえない。（　　）
15 ことの**発端**はあの日にさかのぼる。（　　）
16 退職願を出した部下を**慰留**する。（　　）
17 学生時代から才能を**嘱目**されていた。（　　）
18 自分を**犠牲**にして人のために尽くす。（　　）
19 大雪でどの車も注意深く**徐行**している。（　　）
20 飛行機の模型はかなり**精巧**にできている。（　　）
21 足の**甲**でボールをける。（　　）
22 かつおぶしを粗く**削**る。（　　）
23 鉄を**鍛**える音が聞こえる。（　　）
24 入院している友人を**励**ます。（　　）
25 負けた**悔**しさをバネに出直す。（　　）
26 試験に合格し天にも**昇**る思いだ。（　　）
27 美しい音楽が心を**慰**めてくれる。（　　）
28 大切な事は**漏**らさずメモする。（　　）
29 創立記念の式典は**滞**りなく終わった。（　　）
30 逃げ回っていた男もついに**袋**のねずみだ。（　　）

11 我がチームは健闘むなしく**セキ**敗した。（　　）
12 規則に違反して除**セキ**処分を受ける。（　　）
（ア惜　イ隻　ウ跡　エ斥　オ籍）
13 先発隊との連絡が**ト**れる。（　　）
14 オリーブの果肉から油が**ト**れる。（　　）
15 この風景写真はよく**ト**れている。（　　）
（ア執　イ採　ウ捕　エ撮　オ取）

(三)

1～5の三つの□に**共通する漢字**を入れて熟語を作れ。漢字は**ア～コ**から**一つ**選び、**記号**を記せ。

10点（2×5）

1 満□・喜□・□楽（　　）
2 □格・□進・□給（　　）
3 □行・未□・完□（　　）
4 □健・□当・□和（　　）
5 大□・落□・魂□（　　）

ア 哀　イ 昇　ウ 穏　エ 了　オ 遂
カ 励　キ 悦　ク 慰　ケ 胆　コ 怠

第10回

(四)

熟語の構成のしかたには次のようなものがある。

20点 2×10

ア　同じような意味の漢字を重ねたもの　（道路）
イ　反対または対応の意味を表す字を重ねたもの　（前後）
ウ　上の字が下の字を修飾しているもの　（紅葉）
エ　下の字が上の字の目的語・補語になっているもの　（育児）
オ　上の字が下の字の意味を打ち消しているもの　（無害）

次の熟語は、右の**ア〜オ**のどれにあたるか、**一つ**選び、**記号**で記せ。

1 更衣（　）
2 付記（　）
3 愛憎（　）
4 壊滅（　）
5 換気（　）
6 愚劣（　）
7 不正（　）
8 陶器（　）
9 濃淡（　）
10 恐怖（　）

(六)

後の□内のひらがなを漢字に直して、**対義語・類義語**を作れ。□内のひらがなは一度だけ使い、**漢字一字**を記入せよ。

20点 2×10

対義語

防御―1撃（　）
開設―2鎖（　）
新鋭―古3（　）
慎重―4率（　）
紛争―和5（　）

類義語

収穫―成6（　）
顧客―7連（　）
克己―自8（　）
全滅―9絶（　）
魂胆―下10（　）

(五)

次の漢字の**部首**を**ア〜エ**から**一つ**選び、**記号**で記せ。

10点 1×10

1 垂（ア 土　イ ノ　ウ 十　エ 二）（　）
2 魂（ア 二　イ 田　ウ 儿　エ 鬼）（　）
3 緊（ア 又　イ 糸　ウ 臣　エ 小）（　）
4 婿（ア 疋　イ 月　ウ 女　エ 人）（　）
5 衰（ア 衣　イ 亠　ウ 口　エ 一）（　）
6 零（ア 人　イ マ　ウ 雨　エ 一）（　）
7 審（ア 田　イ 米　ウ 宀　エ ノ）（　）
8 絞（ア 亠　イ 糸　ウ 父　エ 八）（　）
9 嘱（ア 尸　イ 冂　ウ ノ　エ 口）（　）
10 契（ア 大　イ 王　ウ 刀　エ 亠）（　）

けい・か・へい・かい・せい・こう・こん・ごう・じょう・こころ

(七)

次の——線の**カタカナ**を**漢字一字と送りがな（ひらがな）**に直せ。

10点 2×5

〈例〉誕生日に友達をヨブ。（呼ぶ）

1 温泉に入って**アタタマル**。（　）
2 税務署に税金を**オサメタ**。（　）
3 本箱に本が全部**オサマッ**た。（　）
4 緊張した顔つきで試合に**ノゾム**。（　）
5 こんな簡単に負けるとは**ナサケナイ**。（　）

(八) 文中の**四字熟語**の――線の**カタカナ**を**漢字**に直せ。

/20点 2×10

1 **波瀾バンジョウ**の人生を送る。（　　）
2 身の**セイレン潔白**を証明する。（　　）
3 **終始イッカン**正義をつらぬく。（　　）
4 **不撓フクツ**の精神で勝利する。（　　）
5 目標に向かって**猪突モウシン**する。（　　）
6 合格の知らせに**キンキ雀躍**する。（　　）
7 かけていた期待も**ウンサン霧消**した。（　　）
8 天才だなんて**誇大モウソウ**にすぎない。（　　）
9 親友に裏切られて**疑心アンキ**となる。（　　）
10 実力のある人なのに**カショウ評価**されている。（　　）

(十) 次の――線の**カタカナ**を**漢字**に直せ。

/40点 2×20

1 礼儀を**ゲンカク**に教える。（　　）
2 先生の話を**ヨウヤク**する。（　　）
3 子供図書館を**シンセツ**する。（　　）
4 **カッコ**とした信念を持つ。（　　）
5 物事を**テッカク**に判断する。（　　）
6 **マンシン**の力をふりしぼる。（　　）
7 世界平和の**エイゾク**をねがう。（　　）
8 **ケンセイ**をほしいままにする。（　　）
9 手芸の**ギノウ**にすぐれている。（　　）
10 安全対策について**トウギ**した。（　　）

(九) 次の各文にまちがって使われている**同じ読みの漢字**が**一字**ある。**上に誤字**を、**下に正しい漢字**を記せ。

10点 2×5

1 中国など新興国を中心に自動車販売が高調で輸出が増えた。（　・　）

2 授業計画は経営方針や企業利念を実現するための手段である。（　・　）

3 一〇月五日に日銀は、一歩踏み出した新たな政策待応を打ち出した。（　・　）

4 その国の国力を誇自するために、大規模な選手団を送り込んだ。（　・　）

5 日本は現在、物価が下がり続けるデフレからの脱脚が最大のテーマだ。（　・　）

11 チャンピオンの座を**ボウエイ**する。（　）

12 事故のニュースは**ゴホウ**だった。（　）

13 大気汚染は都市の**シンコク**な問題だ。（　）

14 合格の報を**イッコク**も早く知らせよう。（　）

15 父を失って、一家は**クキョウ**に立たされた。（　）

16 長年の苦労が**ミノ**る。（　）

17 **フル**ってご参加ください。（　）

18 お前の出る**マク**じゃない。（　）

19 留学で**トウト**い体験をした。（　）

20 日曜日を**ノゾ**いていつもひまだ。（　）

第10回

第11回 模擬試験

試験時間 60分

合格基準 140点

得点 /200点

(一) 次の――線の漢字の読みをひらがなで記せ。

30点 1×30

1 **滅亡**の一途をたどる。（　）

2 衣料品が**潤沢**に出回る。（　）

3 深い**悔恨**にとらわれる。（　）

4 社会**福祉**の問題を考える。（　）

5 **排気**ガスの濃度を調べる。（　）

6 **純粋**な気持ちのあらわれだ。（　）

7 気体が加熱されて**膨張**する。（　）

8 すぐ出掛けたほうが**賢明**だ。（　）

9 委員会に**諮問**し、答申を受ける。（　）

10 西洋文学を**翻訳**する仕事です。（　）

11 さまざまなうわさが**交錯**する。（　）

12 ライバルが出現して**恐慌**をきたす。（　）

13 富士は**霊峰**としてあがめられる。（　）

(二) 次の――線のカタカナにあてはまる漢字をそれぞれのア～オから一つ選び、記号を記せ。

30点 2×15

1 各地を放**ロウ**する。（　）

2 砂上に**ロウ**閣を築く。（　）

3 **ロウ**電により出火する。（　）

（ア 楼　イ 廊　ウ 浪　エ 郎　オ 漏）

4 首都**ケン**の地価は高い。（　）

5 うちは**ケン**業農家である。（　）

6 祖父は食費を**ケン**約する。（　）

（ア 兼　イ 圏　ウ 堅　エ 倹　オ 軒）

7 次長から部長に**ショウ**進する。（　）

8 職務を二つの係に分**ショウ**する。（　）

9 住宅問題の解決が**ショウ**眉の急である。（　）

（ア 招　イ 掌　ウ 焼　エ 昇　オ 焦）

10 祖母の三回**キ**の法事を行う。（　）

14 このあいだの話は了解しました。（　　）
15 言質をとられないように注意する。（　　）
16 小さなことにいつまでも拘泥する。（　　）
17 結婚式の日取りは大安吉日にしよう。（　　）
18 冷凍した魚を電子レンジで解凍する。（　　）
19 多くの困難を克服して成功を収める。（　　）
20 無謀な運転による交通事故が後を絶たない。（　　）
21 商店街で催し物がある。（　　）
22 国語の先生は点が辛い。（　　）
23 カメラを携えて旅行する。（　　）
24 公園は人々の憩いの場です。（　　）
25 双方が結託して悪事を企てる。（　　）
26 選手団に惜しみない拍手を送る。（　　）
27 間違いを穏やかに言い聞かせる。（　　）
28 美しい音楽が心を慰めてくれる。（　　）
29 観客席はたくさんのファンで埋まった。（　　）
30 あの映画は掛け値なしにすばらしかった。（　　）

11 不況で中小キ業の倒産が相次ぐ。（　　）
12 今やキ急存亡の時を迎えている。（　　）
（ア 企　イ 忌　ウ 既　エ 危　オ 軌）
13 母が団子にくしをサしている。（　　）
14 私たちは人目をサけて会った。（　　）
15 絹をサくような悲鳴が聞こえる。（　　）
（ア 避　イ 裂　ウ 差　エ 刺　オ 咲）

（三）

1～5の三つの□に**共通する漢字**を入れて熟語を作れ。漢字は**ア～コ**から**一つ**選び、**記号**を記せ。

10点 2×5

1 □急・□張・□密（　　）
2 □弱・退□・老□（　　）
3 □情・敬□・思□（　　）
4 分□・破□・滅□（　　）
5 □議・□判・不□（　　）

ア 裂	イ 緊	ウ 隆	エ 硬	オ 紛
カ 慕	キ 企	ク 衰	ケ 審	コ 虐

第11回

(四)

熟語の構成のしかたには次のようなものがある。

20点 2×10

ア　同じような意味の漢字を重ねたもの　（**道路**）
イ　反対または対応の意味を表す字を重ねたもの　（**前後**）
ウ　上の字が下の字を修飾しているもの　（**紅葉**）
エ　下の字が上の字の目的語・補語になっているもの　（**育児**）
オ　上の字が下の字の意味を打ち消しているもの　（**無害**）

次の熟語は、右の**ア～オ**のどれにあたるか、**一つ**選び、**記号**で記せ。

1 違憲（　）
2 明暗（　）
3 漸進（　）
4 離別（　）
5 不況（　）

6 除湿（　）
7 異同（　）
8 燃焼（　）
9 確信（　）
10 謝罪（　）

(六)

後の□内のひらがなを漢字に直して、**対義語・類義語**を作れ。□内のひらがなは一度だけ使い、**漢字一字**を記入せよ。

20点 2×10

対義語

抑制―促［1］
瞬間―［2］久
縮小―拡［3］
暗愚―賢［4］
秘密―［5］開

類義語

傾注―［6］念
欠乏―［7］足
老練―円［8］
従順―［9］和
決心―［10］悟

(五) 次の漢字の**部首**を**ア～エ**から**一つ**選び、記号で記せ。

10点 1×10

1 暫（ア 日　イ 車　ウ 斤　エ 口）（　）

2 華（ア 十　イ 二　ウ 艹　エ 一）（　）

3 幕（ア 艹　イ 冖　ウ 日　エ 巾）（　）

4 奪（ア 一　イ 大　ウ 隹　エ 寸）（　）

5 房（ア 方　イ 尸　ウ 戸　エ 一）（　）

6 匿（ア 匚　イ 艹　ウ 口　エ 一）（　）

7 焦（ア 隹　イ 灬　ウ 二　エ 匚）（　）

8 掲（ア 日　イ 勹　ウ 扌　エ 匕）（　）

9 奉（ア 大　イ 二　ウ 人　エ 十）（　）

10 翻（ア 米　イ 田　ウ ノ　エ 羽）（　）

だい・せん・しん・ふ・おん・えい・めい・じゅく・こう・かく

(七) 次の——線の**カタカナ**を**漢字一字**と**送りがな（ひらがな）**に直せ。

〈例〉誕生日に友達をヨブ。（呼ぶ）

10点 2×5

1 銀行にお金を**アズケル**。（　）

2 新聞記事に目を**トメル**。（　）

3 祖母から手紙が**トドイ**た。（　）

4 友人の家でごちそうを**イタダイタ**。（　）

5 駅に着いたら、**オリヨク**電車が来た。（　）

第11回

(八) 文中の**四字熟語**の――線の**カタカナ**を**漢字**に直せ。

20点 2×10

1 **公平ムシ**な態度で臨む。（　）
2 **出処シンタイ**を明らかにする。（　）
3 試合の結果は**イチモク瞭然**だ。（　）
4 **ソイ粗食**の暮らしに耐える。（　）
5 彼は**喜怒アイラク**の感情が激しい。（　）
6 **独立ジソン**の精神が旺盛である。（　）
7 今年は**タジ多端**な一年であった。（　）
8 **粗製ランゾウ**の結果、在庫だけが増える。（　）
9 将来のために、今は**隠忍ジチョウ**すべきだ。（　）
10 国民は**清廉ケッパク**な政治家を求めている。（　）

(十) 次の――線の**カタカナ**を**漢字**に直せ。

40点 2×20

1 学校の**エンカク**を調べる。（　）
2 期日までに**ノウゼイ**する。（　）
3 工場が郊外に**イテン**する。（　）
4 事件が**レンゾク**して起こる。（　）
5 今後の天気を**スイソク**する。（　）
6 登山者の**アンピ**を気づかう。（　）
7 コップを**コイ**に落とした。（　）
8 人間の**ヨクボウ**はきりがない。（　）
9 医学に**コウセキ**のあった人。（　）
10 田園の美しい**ジョウケイ**を描く。（　）

㈨

次の各文にまちがって使われている**同じ読みの漢字**が**一字**ある。**上に誤字**を、**下に正しい漢字**を記せ。

10点 2×5

1 わが国の刑事司法は警察や検察の裁量を大幅に認めている。（　・　）

2 中国人観光客は、世界的に争脱される人気者となりつつある。（　・　）

3 失業の長期化は若者層の雇用不安を高め、彼らの消費を欲制する。（　・　）

4 心配事、欲求不満を改消するために、行動に移すのが人間である。（　・　）

5 参議院選挙後の政治の困迷によって、郵政改革が不透明になっている。（　・　）

---

11 **アクセイ**のかぜがはやっている。（　）

12 負けた選手の**シンジョウ**を思いやる。（　）

13 あなたの実行力には**ケイフク**する。（　）

14 次代を背負う青少年を**イクセイ**する。（　）

15 **イサイ**はのちほどお話しいたします。（　）

16 男女の別を**ト**わない。（　）

17 **ミズカ**ら進んで仕事をする。（　）

18 病気が回復して食欲が**マ**す。（　）

19 学会はその薬の効果を**ウタガ**った。（　）

20 大賞候補の**ヨ**び声が高い作品。（　）

第12回 模擬試験

試験時間 60分
合格基準 140点
得点 /200点

(一) 次の――線の漢字の読みをひらがなで記せ。

30点 1×30

1 表現が**冗長**に過ぎる。( )
2 科学の進歩を**阻害**する。( )
3 本の代金を**請求**された。( )
4 **魂胆**が見え透いている。( )
5 先方の申し出を**快諾**する。( )
6 突発の事件で**挙措**を失う。( )
7 この宿舎ははなはだ**粗末**だ。( )
8 首領は中央に**鎮座**していた。( )
9 三本マストの華麗な**帆船**だ。( )
10 一点を**凝視**したまま動かない。( )
11 **又聞**きだからあてにならない。( )
12 この子は夫婦の愛の**結晶**です。( )
13 財産を相続する権利を**放棄**する。( )

(二) 次の――線の**カタカナ**にあてはまる漢字をそれぞれの**ア〜オ**から**一つ**選び、**記号**を記せ。

30点 2×15

1 抑**ヨウ**をつけて朗読する。( )
2 砂糖を水に**ヨウ**解させる。( )
3 父は**ヨウ**痛に悩んでいる。( )
(ア溶 イ容 ウ腰 エ幼 オ揚)

4 障害物を**ジョ**去する。( )
5 面目躍**ジョ**たるものがある。( )
6 通学路なので**ジョ**行運転した。( )
(ア序 イ除 ウ助 エ如 オ徐)

7 指先が**トウ**傷にかかる。( )
8 先生の薫**トウ**を受けた。( )
9 腕に種**トウ**の跡が残っている。( )
(ア痘 イ凍 ウ踏 エ陶 オ塔)

10 荒れ野を開**コン**する。( )

14 蛮勇をふるったことを後悔する。（　）
15 津波で港湾の施設が被害を受ける。（　）
16 勘当した息子と二〇年ぶりに和解した。（　）
17 失敗によって大統領の権威が失墜した。（　）
18 開国以来、西洋の文化を摂取してきた。（　）
19 販売促進のためにキャンペーンを張る。（　）
20 当時のことを考えると感慨深いものがある。（　）
21 飲食代を割り勘で払う。（　）
22 弟を伴って博物館に行く。（　）
23 勉強をしすぎて肩が凝る。（　）
24 昨日の大雪で家が埋もれた。（　）
25 足の擦り傷に消毒薬をつける。（　）
26 この川は町を東西に貫いている。（　）
27 交通事故に遭って大けがをした。（　）
28 動物を虐げるのはいけないことだ。（　）
29 好きな人のことを思って胸を焦がす。（　）
30 この小説の主人公は欲の塊のような人間だ。（　）

11 殺人の動機は怨コンらしい。（　）
12 濃コンの背広がよく似合う。（　）
（ア魂　イ紺　ウ恨　エ墾　オ婚）
13 型紙に合わせて布をタつ。（　）
14 酒をタとうとしたが失敗した。（　）
15 日がタつに従って数が増加する。（　）
（ア断　イ経　ウ絶　エ裁　オ建）

㈢ 1～5の三つの□に**共通する漢字**を入れて熟語を作れ。漢字は**ア～コ**から**一つ**選び、**記号**を記せ。

/10点 2×5

1 □当・□和・平□（　）
2 □往・□婚・□成（　）
3 □議・□略・共□（　）
4 □通・一□・□徹（　）
5 □煙・□茶・満□（　）

ア 既	イ 宴	ウ 駐	エ 穏	オ 謀
カ 湾	キ 貫	ク 零	ケ 喫	コ 綱

第12回

(四)

熟語の構成のしかたには次のようなものがある。

20点
2×10

ア　同じような意味の漢字を重ねたもの　（**道路**）
イ　反対または対応の意味を表す字を重ねたもの　（**前後**）
ウ　上の字が下の字を修飾しているもの　（**紅葉**）
エ　下の字が上の字の目的語・補語になっているもの　（**育児**）
オ　上の字が下の字の意味を打ち消しているもの　（**無害**）

次の熟語は、右の**ア～オ**のどれにあたるか、**一つ**選び、**記号**で記せ。

1 執務（　）
2 総意（　）
3 粗密（　）
4 脱落（　）
5 微動（　）
6 抜群（　）
7 未刊（　）
8 集散（　）
9 停滞（　）
10 黙読（　）

(六)

後の□内のひらがなを漢字に直して、**対義語・類義語**を作れ。□内のひらがなは一度だけ使い、**漢字一字**を記入せよ。

20点
2×10

対義語

歓喜－1 哀（　）
強制－任 2（　）
丁重－3 略（　）
薄弱－4 固（　）
栄達－零 5（　）

類義語

企画－構 6（　）
絶滅－滅 7（　）
見方－8 点（　）
陰謀－謀 9（　）
給料－10 金（　）

(五)

次の漢字の**部首**を**ア～エ**から**一つ**選び、**記号**で記せ。

10点 1×10

1 魅（ア 田　イ 鬼　ウ 木　エ 厶）（　）
2 啓（ア 口　イ 攵　ウ 尸　エ 戸）（　）
3 鯨（ア 口　イ 小　ウ 亠　エ 魚）（　）
4 賢（ア 臣　イ 又　ウ 貝　エ 八）（　）
5 顧（ア 隹　イ 頁　ウ 戸　エ 八）（　）
6 棄（ア 木　イ 厶　ウ 亠　エ 一）（　）
7 敢（ア 工　イ 耳　ウ 二　エ 攵）（　）
8 酵（ア 子　イ 土　ウ 酉　エ ノ）（　）
9 裂（ア 刂　イ 衣　ウ 歹　エ 一）（　）
10 葬（ア 廾　イ 歹　ウ 匕　エ 艹）（　）

そう・い・かん・ひ・きょう・そ・ぼう・りゃく・ちん・らく

(七)

次の――線の**カタカナ**を**漢字一字**と**送りがな（ひらがな）**に直せ。

10点 2×5

〈例〉誕生日に友達をヨブ。（呼ぶ）

1 雨雲が低く**タレル**。（　）
2 小鳥を三羽**カッ**ている。（　）
3 兄は小説家を**ココロザシ**ている。（　）
4 **コマッタ**ことに雨が降りだした。（　）
5 友人のために**ココロヨク**引き受ける。（　）

(八) 文中の**四字熟語**の――線の**カタカナ**を**漢字**に直せ。

20点 2×10

1 雪道に**悪戦クトウ**する。（　　）
2 今日は朝から**気分ソウカイ**だ。（　　）
3 **セイシン誠意**を尽くして償う。（　　）
4 **ソクセン即決**が我が社の方針だ。（　　）
5 **面従フクハイ**の部下におとしいれられる。（　　）
6 **ギロン百出**でいまだ結論が出ない。（　　）
7 **言行イッチ**はやさしいことではない。（　　）
8 試合に勝って**イキ揚揚**と引きあげた。（　　）
9 **ココン東西**を問わず美術品を収集する。（　　）
10 興奮した被害者の話は**支離メツレツ**であった。（　　）

(十) 次の――線の**カタカナ**を**漢字**に直せ。

40点 2×20

1 先輩に**ケイイ**をはらう。（　　）
2 優勝の**ヒガン**がかなう。（　　）
3 母は**イクジ**に忙しい。（　　）
4 自動車の**コウゾウ**を調べる。（　　）
5 **ショクム**をきちんと果たす。（　　）
6 洋服を**アンカ**で手に入れる。（　　）
7 秋は読書に**コウテキ**な季節だ。（　　）
8 体の弱い子供を**ヨウゴ**する。（　　）
9 土のうで堤防を**ボウビ**する。（　　）
10 話し合いで**エンマン**に解決する。（　　）

(九) 次の各文にまちがって使われている**同じ読みの漢字**が**一字**ある。**上に誤字**を、**下に正しい漢字**を記せ。

10点 2×5

1 この不況のご時盛に一千億円もの利益を稼ぎ出した企業がある。（　・　）

2 財政健全化の基本は、安易な増税ではなく経済の活成化である。（　・　）

3 法人税律を欧州並みに下げても企業の海外進出は止まらない。（　・　）

4 世界はおそらく数百年に一度の構象変化の時代に入っている。（　・　）

5 この国は食糧を自求することができないので輸入に頼らざるをえない。（　・　）

11 ヨセイをかって決勝に臨む。（　）

12 父母と別れてイキョウで暮らす。（　）

13 口やかましいおじをケイエンする。（　）

14 本社勤務から支店長にエイテンする。（　）

15 カドの運動はかえって体をこわす。（　）

16 こたつで足をアタタめる。（　）

17 今年は寒さがキビしい。（　）

18 運動会の記念写真をトる。（　）

19 注文の品を販売店にオサめる。（　）

20 見かけは大人だが考え方はオサナい。（　）

第12回

第13回 模擬試験

試験時間 60分
合格基準 140点
得点 /200点

(一) 次の――線の漢字の読みをひらがなで記せ。 30点 1×30

1 結婚式の**祝宴**を開く。（　）
2 国会で法案を**審議**する。（　）
3 師として生涯**敬慕**する。（　）
4 採用に**国籍**は問わない。（　）
5 山に杉の**苗木**を植える。（　）
6 卒業生の**名簿**を作成する。（　）
7 経営合理化で**解雇**される。（　）
8 予定時間を大幅に**超過**する。（　）
9 **匿名**の投書は受け付けない。（　）
10 赤ん坊は**産婆**が取り上げた。（　）
11 病気は**徐々**に回復しつつある。（　）
12 **殊勝**にも清掃奉仕を申し出る。（　）
13 選挙の**参謀**本部はこちらです。（　）

(二) 次の――線のカタカナにあてはまる漢字をそれぞれのア～オから一つ選び、記号を記せ。 30点 2×15

1 彼は**オウ**年の名投手だ。（　）
2 **オウ**米の文化を吸収する。（　）
3 理由もなく**オウ**打された。（　）
（ア 応　イ 欧　ウ 央　エ 往　オ 殴）

4 いわれのない中**ショウ**を受ける。（　）
5 彼の人物は私が保**ショウ**します。（　）
6 水**ショウ**のネックレスを身に着ける。（　）
（ア 晶　イ 証　ウ 唱　エ 傷　オ 将）

7 **ユウ**惑に勝てそうもない。（　）
8 父が**ユウ**色をあらわにする。（　）
9 敵に捕らえられて**ユウ**閉される。（　）
（ア 雄　イ 誘　ウ 憂　エ 優　オ 幽）

10 冷暖**ボウ**完備の仕事場で働く。（　）

14 **慈善**のためにイベントを開く。（　　）
15 父の**愛惜**した茶器が形見になる。（　　）
16 証言と証拠がぴったり**符合**する。（　　）
17 **既存**の公共施設を有効に活用する。（　　）
18 **許嫁**がいるが結婚する気にはなれない。（　　）
19 投票したい人がいないので**棄権**する。（　　）
20 首都圏の人口はすでに**飽和**状態になる。（　　）
21 急斜面をスキーで**滑**る。（　　）
22 連れを**促**して席を立った。（　　）
23 漁船が波に揺られて**漂**う。（　　）
24 テレビは勉強の**妨**げになる。（　　）
25 **忌**まわしい記憶を忘れたい。（　　）
26 報告書の件で先輩に教えを**請**う。（　　）
27 それは**既**に先週話したことです。（　　）
28 注意を**怠**ると事故を起こしやすい。（　　）
29 災害に備えて水や食べ物を**蓄**える。（　　）
30 友を失った悲しみが日増しに**募**る。（　　）

---

11 ビタミンの欠**ボウ**により体調をくずす。（　　）
12 店内で大声をあげて営業を**ボウ**害する。（　　）
（ア 妨　イ 防　ウ 亡　エ 乏　オ 房）

13 作品が多くの人の目に**フ**れる。（　　）
14 キャンプの宿泊施設が**フ**える。（　　）
15 彼女はいつも**フ**し目がちに話す。（　　）
（ア 伏　イ 殖　ウ 増　エ 振　オ 触）

(三)

1～5の三つの□に**共通する漢字**を入れて熟語を作れ。漢字は**ア～コ**から**一つ**選び、**記号**を記せ。

10点 2×5

1 □心・□要・□銘（　　）
2 □行・□意・追□（　　）
3 豪□・□美・栄□（　　）
4 □愁・□惜・悲□（　　）
5 □命・長□・米□（　　）

ア 寿	イ 魅	ウ 棄	エ 随	オ 華
カ 滑	キ 漂	ク 肝	ケ 哀	コ 概

第13回

(四)

熟語の構成のしかたには次のようなものがある。

20点 2×10

ア　同じような意味の漢字を重ねたもの　（**道路**）
イ　反対または対応の意味を表す字を重ねたもの　（**前後**）
ウ　上の字が下の字を修飾しているもの　（**紅葉**）
エ　下の字が上の字の目的語・補語になっているもの　（**育児**）
オ　上の字が下の字の意味を打ち消しているもの　（**無害**）

次の熟語は、右の**ア～オ**のどれにあたるか、**一つ**選び、**記号**で記せ。

1 詳細（　）
2 暗示（　）
3 辞職（　）
4 無料（　）
5 鋭敏（　）
6 安否（　）
7 称美（　）
8 激痛（　）
9 静寂（　）
10 愛憎（　）

(六)

後の□内のひらがなを漢字に直して、**対義語・類義語**を作れ。□内のひらがなは一度だけ使い、**漢字一字**を記入せよ。

20点 2×10

対義語

可決－[1]決（　）
穏健－[2]激（　）
破壊－建[3]（　）
尊大－卑[4]（　）
上昇－[5]下（　）

類義語

釈明－[6]明（　）
詳細－[7]細（　）
分別－[8]慮（　）
露見－発[9]（　）
追随－[10]合（　）

（五） 次の漢字の**部首**を**ア～エ**から**一つ**選び、**記号**で記せ。

10点（1×10）

1 嬢 （ア 衣　イ 女　ウ 亠　エ 八）（　　）

2 魔 （ア 鬼　イ 广　ウ 木　エ 厶）（　　）

3 幽 （ア 丨　イ 凵　ウ 山　エ 幺）（　　）

4 賊 （ア 十　イ 戈　ウ 貝　エ 弋）（　　）

5 礎 （ア 木　イ 石　ウ 口　エ 疋）（　　）

6 滅 （ア 氵　イ 戈　ウ 火　エ 厂）（　　）

7 袋 （ア 亻　イ 弋　ウ 丶　エ 衣）（　　）

8 彫 （ア 口　イ 彡　ウ 冂　エ 十）（　　）

9 聴 （ア 心　イ 罒　ウ 耳　エ 十）（　　）

10 痘 （ア 疒　イ 广　ウ 豆　エ 冫）（　　）

てい・か・い・かく・ひ・せつ・げ・べん・し・げい

（七） 次の――線の**カタカナ**を**漢字一字と送りがな（ひらがな）**に直せ。

10点（2×5）

〈例〉誕生日に友達を**ヨブ**。（呼ぶ）

1 店先に品物を**ナラベル**。（　　）

2 とっぷりと日が**クレル**。（　　）

3 宿題は**カナラズ**やってきなさい。（　　）

4 岸辺の木が水面に**ウツッテ**いる。（　　）

5 国が違えば、生活や習慣が**コトナル**。（　　）

(八) 文中の四字熟語の――線のカタカナを漢字に直せ。

20点 2×10

1 心の中でジモン自答する。（　）
2 平身テイトウして許しを請う。（　）
3 高熱で人事フセイにおちいる。（　）
4 ヒソウ浅薄な見解を振り回す。（　）
5 憲法改悪には徹頭テツビ反対だ。（　）
6 カイトウ乱麻で迷宮事件を解決する。（　）
7 引退して悠悠ジテキの生活を楽しむ。（　）
8 事実ムコンのうわさをたてられた。（　）
9 脚下ショウコの精神で慎重に事を運ぶ。（　）
10 受験のためだけに勉強するのはホンマツ転倒だ。（　）

(十) 次の――線のカタカナを漢字に直せ。

40点 2×20

1 交通事故がゲキゲンした。（　）
2 メンバーをホキョウする。（　）
3 結果を聞いてシツボウした。（　）
4 人材のカクホに努める。（　）
5 受け入れタイセイを終える。（　）
6 転んだがムキズですんだ。（　）
7 運動会の予行エンシュウをする。（　）
8 世界のジョウセイを見極める。（　）
9 人生に敗れたとヨワネを吐く。（　）
10 単語のイギを辞書で調べる。（　）

(九) 次の各文にまちがって使われている**同じ読みの漢字**が**一字**ある。**上に誤字**を、**下に正しい漢字**を記せ。

10点 2×5

1 各国が特別の予算をつけてオリンピック選手を養生している。（　・　）

2 標準家庭の生計費の平近に関する調査結果が発表された。（　・　）

3 日本のロケット開発は、国産技術を蓄績して順調に進んでいった。（　・　）

4 小選挙区制の導入を提言したのは、第八次選挙制度審議会であった。（　・　）

5 中国文学を母国に紹介するため彼女は精力的に翻約作業を進めている。（　・　）

---

11 新技術の**ドクソウ**で特許を得た。（　）

12 本堂に仏像が**アンチ**されている。（　）

13 学級委員会を八人で**コウセイ**する。（　）

14 多くの人が**スイショウ**する話題の映画。（　）

15 人工衛星の軌道の**ゴサ**を修正する。（　）

16 細かい説明を**ハブ**く。（　）

17 この本は一読に**アタイ**する。（　）

18 **カリ**の領収書を受け取る。（　）

19 心に**ヒ**めた思いを詩に託す。（　）

20 相手の横暴な態度に**コマ**り果てる。（　）

第14回 模擬試験

試験時間 60分
合格基準 140点
得点 /200点

(一)

次の――線の漢字の読みをひらがなで記せ。

30点 1×30

1 虚栄のために着飾る。（　）
2 優秀な工匠に依頼する。（　）
3 近代化の礎石を築く。（　）
4 弱冠二〇歳で成功する。（　）
5 落ち葉に哀愁を感じる。（　）
6 新しい文化が興隆する。（　）
7 提携会社のカードを使う。（　）
8 気迫に押されて辛勝する。（　）
9 何度も召喚しても応じない。（　）
10 季節が変わり隆運に向かう。（　）
11 近年日本人の寿命が伸びた。（　）
12 思いがけない不幸に遭遇する。（　）
13 生徒を安全な場所に誘導する。（　）

(二)

次の――線のカタカナにあてはまる漢字をそれぞれのア～オから一つ選び、記号を記せ。

30点 2×15

1 旺セイな食欲を示す。（　）
2 品物の代金をセイ求する。（　）
3 現社長は会長の女セイである。（　）
（ア盛　イ誠　ウ精　エ婿　オ請）

4 鍛えてキン肉をつける。（　）
5 キン整のとれた体つきだ。（　）
6 両国はキン密な関係にある。（　）
（ア均　イ筋　ウ勤　エ緊　オ禁）

7 青銅器をチュウ造する。（　）
8 標本を無作為にチュウ出する。（　）
9 チュウ車の場所を確保する。（　）
（ア沖　イ駐　ウ宙　エ抽　オ鋳）

10 投球にカン急の差をつける。（　）

14 試合に出場する選手を**激励**する。（　　）
15 外国製品を**排斥**する動きがある。（　　）
16 家族の扶養が父の**双肩**にかかる。（　　）
17 万事**遺漏**のないようにお願いする。（　　）
18 彼の学説は**没後**世に認められた。（　　）
19 新進作家が**文壇**の話題をさらった。（　　）
20 町には若者のための**娯楽**が何もない。（　　）
21 彼は一〇年前の事件を**克明**に調べた。（　　）
22 師の言葉を**肝**に銘じる。（　　）
23 海峡に橋を**架**ける計画。（　　）
24 大仕事を終えて気が**緩**む。（　　）
25 **雇**い主に休暇を願い出る。（　　）
26 政局を**揺**さぶる発言をする。（　　）
27 サイレンの音が眠りを**妨**げる。（　　）
28 故郷を**慕**う気持ちはみな同じだ。（　　）
29 道路が工事中で車の流れが**滞**る。（　　）
30 友の**慰**めの言葉に元気づけられる。（　　）

11 尺をメートルに**カン**算する。（　　）
12 勇**カン**な行動をたたえる。（　　）
（ア 貫　イ 緩　ウ 勧　エ 換　オ 敢）
13 警備員が工場の門を**シ**める。（　　）
14 母が鏡の前で帯を**シ**めている。（　　）
15 男は突然相手の首を**シ**めた。（　　）
（ア 占　イ 締　ウ 強　エ 絞　オ 閉）

(三) 1〜5の三つの□に**共通する漢字**を入れて熟語を作れ。漢字は**ア〜コ**から**一つ**選び、**記号**を記せ。

10点 2×5

1 □気・□地・□度（　　）
2 □誤・□覚・□交（　　）
3 □嘆・□感・□憤（　　）
4 □愛・□善・□悲（　　）
5 遺□・痛□・悔□（　　）

ア 錯	イ 軌	ウ 廉	エ 湿	オ 奉
カ 慈	キ 排	ク 匠	ケ 慨	コ 恨

㈣

熟語の構成のしかたには次のようなものがある。

20点 2×10

ア　同じような意味の漢字を重ねたもの　（**道路**）
イ　反対または対応の意味を表す字を重ねたもの　（**前後**）
ウ　上の字が下の字を修飾しているもの　（**紅葉**）
エ　下の字が上の字の目的語・補語になっているもの　（**育児**）
オ　上の字が下の字の意味を打ち消しているもの　（**無害**）

次の熟語は、右の**ア～オ**のどれにあたるか、**一つ**選び、**記号**で記せ。

1　得失　（　）
2　住所　（　）
3　献血　（　）
4　精密　（　）
5　進退　（　）

6　知己　（　）
7　全治　（　）
8　不信　（　）
9　隆盛　（　）
10　盛衰　（　）

㈥

後の□内のひらがなを漢字に直して、**対義語・類義語**を作れ。□内のひらがなは一度だけ使い、**漢字一字**を記入せよ。

20点 2×10

対義語

受理－却［1］　（　）
追跡－［2］亡　（　）
納入－徴［3］　（　）
応用－基［4］　（　）
連帯－［5］立　（　）

類義語

厚情－［6］意　（　）
道楽－趣［7］　（　）
恒久－［8］遠　（　）
重視－尊［9］　（　）
関与－［10］入　（　）

五

次の漢字の**部首**を**ア〜エ**から**一つ**選び、**記号**で記せ。

10点
1×10

1 諮（ア 口　イ 冫　ウ 欠　エ 言）（　　）

2 遇（ア 冂　イ 辶　ウ 田　エ 厶）（　　）

3 慈（ア 幺　イ 一　ウ 心　エ 八）（　　）

4 穫（ア 禾　イ 又　ウ 艹　エ 隹）（　　）

5 憂（ア 一　イ 夂　ウ 心　エ 冖）（　　）

6 宴（ア 宀　イ 冖　ウ 女　エ 日）（　　）

7 慰（ア 寸　イ 示　ウ 尸　エ 心）（　　）

8 撮（ア 又　イ 日　ウ 扌　エ 耳）（　　）

9 偶（ア 冂　イ 田　ウ 厶　エ 亻）（　　）

10 疾（ア 疒　イ 矢　ウ 广　エ 冫）（　　）

しゅう・こ・こう・か・み・ちょう・とう・そ・えい・かい

七

次の――線の**カタカナ**を**漢字一字**と**送りがな（ひらがな）**に直せ。

10点
2×5

〈例〉誕生日に友達をヨブ。（呼ぶ）

1 恐竜は大昔に**タエ**た。（　　）

2 午前中に用事を**スマス**。（　　）

3 案内人に**ミチビカ**れて見物する。（　　）

4 工場内への立ち入りを**キンジル**。（　　）

5 一歩**シリゾイ**て、入ってくる電車を待つ。（　　）

(八) 文中の四字熟語の――線のカタカナを漢字に直せ。

20点 2×10

1 選手は全員、意気ケンコウだ。（　　）
2 長寿は無病ソクサイの結果だ。（　　）
3 キキ一髪で事故を免れた。（　　）
4 父が粒粒シンクして築いた店。（　　）
5 海外協力隊の平穏ブジを祈る。（　　）
6 合格の知らせにキショク満面となる。（　　）
7 かけていた期待もウンサン霧消した。（　　）
8 失敗にめげず捲土ジュウライを期する。（　　）
9 多情タコンな青春の遍歴を小説にする。（　　）
10 適当な運動と頭を使ってフロウ長寿を願う。（　　）

(十) 次の――線のカタカナを漢字に直せ。

40点 2×20

1 手続きをカンリャクにする。（　　）
2 世界情勢がゲキドウする。（　　）
3 お礼のお金をコジする。（　　）
4 暴力のオウコウは許せない。（　　）
5 新しい文化をソウゾウする。（　　）
6 事故の現場にイアわせる。（　　）
7 二つの文章にイドウはない。（　　）
8 君の話はヨウリョウをえない。（　　）
9 チョメイな文学者の話を聞く。（　　）
10 名優のエンギに拍手がわいた。（　　）

(九)

次の各文にまちがって使われている**同じ読みの漢字**が**一字**ある。**上に誤字**を、**下に正しい漢字**を記せ。

10点 2×5

1 企業は激しいリストラ、非正規化で企業社会の傘を宿小した。（　・　）

2 日本人の多くは先生が一方的に話す講議の形式に慣れている。（　・　）

3 その遺跡の発掘により、縄文人の食生活の一単が明らかとなった。（　・　）

4 韓国と同様に、ビザ免徐で中国人観光客を誘致する国も増えている。（　・　）

5 育児中の家庭を経済的に支援するための優遇措置が倹討されている。（　・　）

---

11 **ダンゼン**進学することに決めた。（　）

12 試合前夜は十分に**スイミン**をとる。（　）

13 世界の情勢について**コウエン**する。（　）

14 うますぎる話に、**ギシン**をいだく。（　）

15 二人の間に**アンモク**の了解が成立する。（　）

16 父の機嫌を**ソコ**ねた。（　）

17 よく**ウ**れた柿を食べる。（　）

18 社長のお**トモ**で出張する。（　）

19 最近の医学の進歩は**イチジル**しい。（　）

20 空き家にしていたので家が**イタ**んだ。（　）

模擬試験得点チェック表

[設問事項]	(一)漢字の読み	(二)同音・同訓異字	(三)漢字の識別	(四)熟語の構成	(五)部首	(六)対義語・類義語	(七)送りがな	(八)四字熟語	(九)誤字訂正	(十)漢字の書き取り	模擬試験を解き得点を記入しましょう。学習計画にお役立て下さい。
第1回 月 日	/30	/30	/10	/20	/10	/20	/10	/20	/10	/40	= 合計点 /200点
第2回 月 日	/30	/30	/10	/20	/10	/20	/10	/20	/10	/40	= 合計点 /200点
第3回 月 日	/30	/30	/10	/20	/10	/20	/10	/20	/10	/40	= 合計点 /200点
第4回 月 日	/30	/30	/10	/20	/10	/20	/10	/20	/10	/40	= 合計点 /200点
第5回 月 日	/30	/30	/10	/20	/10	/20	/10	/20	/10	/40	= 合計点 /200点
第6回 月 日	/30	/30	/10	/20	/10	/20	/10	/20	/10	/40	= 合計点 /200点
第7回 月 日	/30	/30	/10	/20	/10	/20	/10	/20	/10	/40	= 合計点 /200点
第8回 月 日	/30	/30	/10	/20	/10	/20	/10	/20	/10	/40	= 合計点 /200点
第9回 月 日	/30	/30	/10	/20	/10	/20	/10	/20	/10	/40	= 合計点 /200点
第10回 月 日	/30	/30	/10	/20	/10	/20	/10	/20	/10	/40	= 合計点 /200点
第11回 月 日	/30	/30	/10	/20	/10	/20	/10	/20	/10	/40	= 合計点 /200点
第12回 月 日	/30	/30	/10	/20	/10	/20	/10	/20	/10	/40	= 合計点 /200点
第13回 月 日	/30	/30	/10	/20	/10	/20	/10	/20	/10	/40	= 合計点 /200点
第14回 月 日	/30	/30	/10	/20	/10	/20	/10	/20	/10	/40	= 合計点 /200点

著者略歴
大内田　三郎（おおうちだ・さぶろう）
大阪市立大学名誉教授　文学博士
大阪市立大学大学院博士課程修了
中国語学・日中言語比較論専攻

著　書
1「中国語の基礎」光生館
2「新中国語入門」駿河台出版社
3「中国児童読物選」白帝社
4「中国童話読物選」駿河台出版社
5「基本表現中国語作文」駿河台出版社
6「現代中国語」駿河台出版社
7「困った時の中国語」駿河台出版社
8「中級読物　中国歴史物語」駿河台出版社
9「チィエンタン中国語20課」駿河台出版社
10「基礎からよくわかる中国語文法参考書」駿河台出版社
11「基本文型150で覚える中国語」駿河台出版社
12「初歩から始める中国語」駿河台出版社
13「中国語検定―予想問題と解説」（1級～準4級）　駿河台出版社
14「日常会話で学ぶ中国語」駿河台出版社
15「聞く、話す、読む、基礎から着実に身につく中国語」駿河台出版社
16「初級から中級へ　話せて使える中国語」駿河台出版社
17「実用ビジネス中国語会話」駿河台出版社
18「中検合格のための傾向と対策」（2級、3級、4級、準4級）駿河台出版社
19「中検模擬試験問題集リスニング対策編」（3級、4級）駿河台出版社
20「学生のための中国語」駿河台出版社

完全対策！ 漢字検定 模擬試験問題集　3級

2011年11月15日　初版　第1刷発行

著　者　大内田　三郎
発行者　井田洋二
発行所　株式会社　駿河台出版社
〒101-0062　東京都千代田区神田駿河台3-7
TEL：03-3291-1676　FAX：03-3291-1675
振替00190-3-56669番
E-mail：edit@e-surugadai.com
URL：http://www.e-surugadai.com

製版 フォレスト／印刷 三友印刷
装丁 小熊未央
ISBN978-4-411-04104-3 C2081